Este libro me conmovió, no solo como psicóloga, sino también como una madre que ha sufrido un aborto espontáneo. La brillante habilidad de Erin, de retratar tal cual su emoción asociada con sufrir un aborto involuntario, me llena de consuelo. Pasar por cualquier experiencia asociada con el dolor y la pérdida puede sentirse aislado. El hecho de que Erin compartiera sus pensamientos privados e inalterados hizo que esta experiencia fuera más fácil de relacionarse. El proceso de luchar con su fe y poder finalmente encontrar consuelo en las promesas de Dios, fue para nosotros un gran recordatorio de cómo todos podemos usar Sus palabras para guiarnos y encontrar nuestro camino a través de la pérdida de esperanzas, sueños y seres queridos.

~ Donna Aucoin, PhD, MP y Asoc. Practica de *Psicologia*

ELOGIOS PARA
Redención Inconcebible

Redención Inconcebible es una excelente compañera para las mujeres que han experimentado la pérdida del embarazo. Después de mis pérdidas me sentí muy sola y lidié con muchas preguntas espirituales. Me hubiera encantado tener este libro para ayudarme en este viaje. Erin proporciona una esperanza muy necesaria para los dolientes y ayuda a las mujeres a dirigir sus corazones cansados a Jesús. Este libro bendecirá a innumerables lectores de la misma manera que me ha bendecido.

    ~ Sarah Philpott, PhD autora del libro premiado *Loved Baby: 31 Devocionales para ayudarte a llorar y apreciar a tu hijo después de la pérdida del embarazo.* Conecta con Sarah en allamericanmom.net.

Desearía que hubiera habido un libro como este hace 25 años cuando comencé mi largo viaje de infertilidad. Erin escribe con mucha sinceridad, compasión y franqueza mientras ella te lleva a través de su propio deambular por la infertilidad y el aborto involuntario y ver la mano de Dios a través de todo esto. Prepárate para escuchar al Señor por ti misma mientras caminas con ella a través de estas páginas.

    ~ Susan Reeves, 35 años. miembro del personal de Campus Crusade, madre de dos hijas adoptadas y abuela de dos nietos

i

El viaje de Erin otorga permiso y libertad para que los corazones maternales abarquen completamente tanto la crudeza de la pérdida como la esperanza que podemos tener en el Dios que sana y redime las piezas más rotas. Después de haber luchado contra la infertilidad y la pérdida de mis propios hijos gemelos nacidos prematuramente, resoné con sus pensamientos y sentimientos bellamente registrados en el diario. Como pastora, recomiendo este libro como un recurso para ayudar a otras mujeres que han recorrido este camino dolorosamente inesperado hacia la redención.

Tanya Whitaker, pastor de grupos pequeños, River Pointe Church

La valiente historia de Erin de navegar a través de su crisis de fe por el aborto espontáneo y esperar y confiar en Dios, es muy inspiradora. La honestidad sobre su dolor, preguntas, angustias y el camino de convertirse en hijo de Dios, me da esperanza de seguir rindiéndole mi vida y mis planes a Él. Esta es una lectura obligatoria para cualquier persona que haya experimentado una pérdida en el embarazo y también para aquellos que quieran saber cómo consolar y comprender la profundidad de la devastación y el dolor que muchas mujeres experimentan. ¡Su historia te dará esperanza y valor para creer en la bondad de Dios sin importar cómo esté escrita la historia!

Barbara Culwell, discipuladora de mujeres, facilitadora de CoreClarity

Redención
INCONCEBIBLE

La Presencia de Dios en la Pérdida del Embarazo y la Infertilidad

---

Erin Greneaux

Copyright 2019 Erin Greneaux

Todos los derechos reservados. Ninguna parte de esta publicación puede ser reproducida, distribuida o transmitida de ninguna forma o por ningún medio, incluyendo fotocopiado, grabación u otros métodos electrónicos o mecánicos sin el permiso previo por escrito del editor, excepto en el caso de citas breves incluidas en revisiones críticas y ciertos otros usos no comerciales permitidos por la ley de derechos de autor. Primera impresión 2019.

ISBN: Erin Greneaux
ISBN-13: 978-1-7336198-3-7

Todas las escrituras marcadas como NVI son de la Santa Biblia, Nueva Versión Internacional, NVI, Copyright 1973, 1978, 1984, 2011 por Biblica, Inc.
Todas las escrituras marcadas MSG están tomadas de The Message. Copyrights 1993, 1994, 1995, 1996, 2000, 2001, 2002. Usado con permiso de NavPress Publishing Group.
Todas las escrituras marcadas NTV son tomadas de La Santa Biblia, Nueva Traducción Viviente, copyright 1996, 2004, 2015 por la Fundación Tyndale House. Utilizado con permiso de Tyndale House Publishers, Inc., Carol Stream, Illinois 60188. Todos los derechos reservados.

Agradacimientos

Un sincero agradecimiento a mi esposo, Nathan, por amarme y apoyarme durante mi viaje a través del dolor. Estoy tan bendecida de tenerte a mi lado en cada temporada que caminamos juntos. ¡Las pruebas que enfrentamos hacen que los buenos momentos sean mucho más dulces!

No puedo agradecerles lo suficiente a Rose y Paola, quienes trabajaron incansablemente para asegurarse de que la traducción al español resuene con los lectores en su idioma nativo. Gracias por compartir este mensaje de esperanza con una grupo de mujeres completamente nuevo. Este recurso está disponible por su disposición a servir, y estoy muy agradecida.

Gracias a las muchas personas que leyeron el manuscrito de antemano para ofrecer comentarios, sugerencias y promociones. Este libro ha sido un esfuerzo grupal, y me siento humilde por las muchas personas que dedican su tiempo y energía a hacer que su mensaje sea lo más relevante y sanador posible.

Lo más importante es que quiero agradecer a Dios por ser quien Él dice que es: bueno, fiel, soberano, justo, amoroso, misericordioso, Cumplidor de Promesas y mi Redentor. Solo puedo compartir estas palabras por quién es Él y para ser quién Él me ha redimido a ser.

Contenido

Agradecimientos	ix
Prólogo	1
Emoción	6
Conmoción	18
Aprehensión	34
Inestabilidad Emocional	44
Honestidad	70
Impaciencia	90
Sumisión	110
Temor	128
Redención	142
Epílogo	168
Una Carta de Dios	172
Sobre el Autor	175
Fotos	176

*"Ciertamente les aseguro que,
si el grano de trigo no cae en tierra y muere,
se queda solo.
Pero, si muere, produce mucho fruto.
El que se apega a su vida la pierde;
en cambio, el que aborrece su vida
en este mundo la conserva
para la vida eterna".*

Juan 12:24-25 (NVI)

Prólogo

Déjame comenzar diciéndote quién no soy. No soy una profesional. No soy una consejera autorizada ni un especialista en reproducción, y no tengo un título en teología. Simplemente soy una mujer que ha caminado el camino que estás caminando.

Mi historia no es la peor. No es escandalosa. No haría un gran guión. De hecho, lo que experimenté es increíblemente común. Según la Asociación Americana de Embarazo, entre el cincuenta y setenta y cinco por ciento de los embarazos terminan en abortos espontáneos, muchos de los cuales ocurren antes de que la madre sepa que está embarazada.

Estoy compartiendo mi historia porque es muy común; porque quiero que sepas que no estás sola. Quiero que tengas la seguridad de que los sentimientos, preguntas y luchas que estás experimentando son completamente normales. Pero más importante aún, quiero animarte, porque lo que estás pasando ahora es temporal y hay una redención al otro lado del camino. El proceso de duelo es muy personal, y tendrás que encontrar tus propias respuestas a medida que lo superes. El camino no está claro y es único para cada uno. Sin embargo, espero que mi viaje pueda ofrecer una luz con la cual navegar.

Puede parecer que este libro trata sobre la pérdida de un hijo, pero en realidad no lo es. Se trata por el proceso por el cual me convertí en una hija: la hija de Dios. Y tampoco me refiero a convertirme en un cristiano. Le di mi vida a Cristo cuando era niña a la edad de seis años y he caminado con Él fielmente toda mi vida. Pero el proceso de convertirme en una hija de Dios, de ser verdaderamente redimida, no solo en Sus ojos, sino también en los míos, no se desarrolló realmente hasta que atravesé una pérdida que puso a prueba mi fe. Los invito a acompañarme en este viaje de descubrimiento, con la esperanza de que también puedan encontrar una redención en su historia.

Si has escogido este libro, es probable que tu historia esté llena de dolor y pérdida. Puede que te preguntes si alguna vez, las partes de tu vida serán completas otra vez. Probablemente estás tratando de averiguar qué hacer ahora. Déjame animarte, querida amiga, ¡hay esperanza! Hay redención. Hay una vida abundante en Cristo, tal como Él lo promete. Pero es un viaje. Dios está escribiendo una historia y, a veces, no vemos cómo se juntan las piezas hasta el último capítulo. Y ese tipo de historias son a menudo las mejores.

Prometo ser completamente honesta contigo en estas páginas. No voy a endulzar las cosas. No voy a presentar mi mejor yo. Estoy eliminando la imagen sonriente de las redes sociales y mostrándoles la versión vulnerable y sin editar, porque ésa es la que Dios ve y ama. Ésa es la que Él ha redimido.

En este libro incluiré las memorias de mi diario personal, memorias que nunca tuvieron la intención de ver la luz del día, que fueron escritas en momentos de gran emoción. No las voy a editar de ninguna manera.

No voy a omitir detalles, cambiar la redacción o eliminar nada. Si lo escribí durante ese período de tiempo, está incluido. No estoy tratando de cambiar mi historia. También voy a agregar pensamientos y acciones que tuvieron lugar y que no escribí en ese momento, porque estaba demasiado avergonzada y dolida como para ponerlas en palabras. Esta es la realidad en su forma cruda.

    La única manera en que podemos apreciar verdaderamente la redención de Dios es aprender a vernos a nosotras mismas de la manera que Él lo hace, llena de fallas, pero al mismo tiempo capaces de ser completas y hermosas, porque somos Sus hijas. Ahora te invito a entrar en la temporada más desafiante de mi vida.

UNO

EMOCIÓN

"Un bebé es como el comienzo de todas las cosas: maravilla, esperanza, un sueño de posibilidades."

— *Eda J LeShan*

4 de abril de 2014

¡Oh Dios mío! ¡No puedo creerlo! Es todo lo que puedo decir porque es realmente cierto, ¡estoy EMBARAZADA! Nathan y yo hemos planeado durante probablemente el último año y medio para terminar de pagar la casa y luego comenzar a tratar de tener un bebé a principios de este año. ¡Pagamos la casa en enero, comenzamos a intentar en febrero y tuvimos éxito en marzo!

Estoy muy emocionada. ¡Todavía no puedo creer que sea verdad! ¡No puedo dejar de decir gracias, Dios, por esta bendición, este asombroso milagro! Tomé la prueba del embarazo cuando me desperté esta mañana. Estoy una semana tarde, pero todavía no estaba convencida porque el mes pasado estuve dos semanas y media tarde, y ningún bebé. Pero cuando la prueba dijo "embarazada", ¡empecé a saltar de arriba para abajo!

Nathan todavía estaba dormido, así que me di una ducha, riendo de alegría, tan abrumada de felicidad. Él todavía dormía, así que me vestí y desayuné. Él se despertó pero todavía estaba semidormido, así que me esforcé por no soltar las noticias hasta después de que él se hubiera duchado. Estaba colgando la ropa cuando salió, y no pude evitar sonreír.

"¿Qué?" Preguntó.

"Nada", le dije, pero no podía borrar la sonrisa de mi cara.

"No, ¿qué es?", preguntó de nuevo.

Le di un abrazo y le dije al oído: "Estoy embarazada".

"¡De ninguna manera! ¡Oh, Dios mío, eso es una locura!", dijo, pero estaba sonriendo de oreja a oreja, "¡eso es increíble!"

Fue un momento perfecto, ¡íbamos a ser padres! ¡Gracias, gracias, gracias, Dios, por este asombroso milagro!

Siempre he querido ser mamá. Mi mamá era una ama de casa y no podía pensar en nada que me gustaría hacer más que tener un montón de hijos. Crecí cuidando niños y trabajando con niños. Todos mis trabajos como una joven profesional implicaba trabajar con niños. ¡No podía esperar para tener algo propio!

También soy una planificadora. Después de tres años de matrimonio, mi esposo y yo decidimos empezar a intentarlo. En nuestro segundo mes, concebimos. ¡Estábamos más que emocionados! Ver la prueba de embarazo con la palabra "embarazada" fue el momento más increíble. Íbamos a tener un bebé! ¡Una pequeña vida crecía dentro de mí!

No perdí el tiempo en planear todo lo que teníamos que hacer

> *¿Sabías?*
> Las granadas son un símbolo de fecundidad y fertilidad en casi todas las culturas antiguas debido a sus numerosas semillas.

para prepararnos para el nacimiento de nuestro hijo: listas de tareas, registro de regalos, vehículo nuevo, e investigación sobre pañales de tela y asientos para autos. Nuestra casa fue una ráfaga de felices preparativos para el recién llegado.

11 de abril de 2014

¡Tengo un carro nuevo hoy! Hemos estado buscando un auto más grande esta semana porque no creo que el carro pequeño que he estado conduciendo durante los últimos once años sea muy seguro para un asiento de bebé. Hoy compramos una vagoneta, ¡y me encanta!

Sí, esta memoria está fechada exactamente una semana después de que descubrimos que estaba embarazada. Como dije, ¡soy una planificadora! También escogimos, esa misma semana, los nombres del bebé tanto de niño como de niña. ¿Muy emocionados?

14 de abril de 2014

Todavía no tengo muchos de los primeros síntomas del embarazo, no tengo náuseas matutinas ni antojos, solo tengo que ir al baño con frecuencia y ya casi he aumentado una talla de la copa del sujetador. Eso tomará un tiempo para acostumbrarse, ¡Jiji!

16 de abril de 2014

Hoy compramos una cuna en Craigslist y la colocamos en el cuarto del bebé. Sé que es pronto, pero me encanta verla allí :)

Sí, instalamos la cuna en el cuarto del bebé solo doce días después de descubrir que estaba embarazada. Puede que haya sido demasiado entusiasta. En realidad, no, no creo que sea posible ser demasiado entusiasta cuando se trata de un nuevo bebé.

Y sí, compramos nuestra cuna en Craigslist. Me encanta una buena ganga, y comprar algo nuevo en una tienda siempre es mi último recurso. Hemos tenido muchas buenas experiencias con Craigslist, pero la cuna fue una aventura.

Fuimos a recogerla en un barrio muy sospechoso. El tipo que nos la vendió no sabía nada al respecto y dijo que era de su novia y que ella la había dejado allí. No estoy segura de que ella supiera que él la estaba vendiendo, pero era una cuna de buena calidad a un precio excelente y terminó en el cuarto del bebé. ¡Hasta el día de hoy, Nathan todavía dice que no puede creer que hayamos hecho eso!

Mi cumpleaños fue el 19 de abril, y Nathan y yo pasamos el fin de semana en un hostal para celebrar. El lugar era maravilloso. Tenía una pequeña granja con gallinas, ovejas, cerdos, burros, caballos y huertas llenas de vegetales. Toda la comida servida en el desayuno fue cultivada en la propiedad. Fuimos a pescar al pequeño estanque, dimos un paseo a caballo y dimos una vuelta por los hermosos jardines. El clima era magnífico, y todas las flores estaban en flor en el medio del verde brillante de la primavera. Lo mejor de todo, Nathan y yo compartíamos un secreto: una vida oculta que estaba creciendo dentro de mí. ¡Nuestro pequeño bebé! El fin de semana fue la manera perfecta de celebrar.

Antes de irnos, estaba acostada en la hamaca, mirando al cielo con asombro y humilde gratitud. Agarré mi teléfono y tomé una fotografía de mi vista desde la hamaca, grandes ramas protectoras de roble que se extendían sobre mí y más allá de ellas, un cielo azul brillante, acentuado con nubes blancas algodonadas.

Recuerdo que pensé para mi misma: 'Voy a tomar esta foto para poder recordar cuán perfecto es este preciso momento. No hay nada mejor que esto ".

Recuerdo esa imagen todo el tiempo. ¡Qué momento maravillosamente inocente!

22 de abril de 2014

Experimenté un poco de manchas hoy y me asusté un poco. Hice algunos análisis de sangre en el hospital y me dijeron que todo se veía genial. Resulta que, dado que tengo ciclos irregulares, probablemente solo tengo cinco semanas y media de embarazo en lugar de siete y media, lo que hace que sea un sangrado de implantación.

Tenemos un ultrasonido el jueves para que podamos estar seguros. Mantengo la calma y oro mucho. Sé que siempre podemos intentarlo de nuevo, ¡pero quiero ESTE!

¡Ya estaba tan enamorada de mi bebé!

24 de abril de 2014

Todo se veía bien en nuestra primera cita esta mañana. Cambiaron la fecha del nacimiento del 7 al 19 de diciembre. Como se sospechaba, solo tengo seis semanas. ¡Este va a ser el embarazo más largo! Tuvimos el ultrasonido para verificar y asegurarnos de que todo estaba bien con el bebé.

¡Fue tan increíble! Era tan pequeño, como el tamaño de un grano de arroz, ¡solo una pequeña línea en la pantalla! Era demasiado pronto para escuchar el latido del corazón, pero se podía ver un pequeño parpadeo, como una pequeña luz intermitente, ¡y era el latido del corazón!

¡No puedo creer que realmente hay un pequeño ser humano creciendo dentro de mí! Volveremos en diez días para otro ultrasonido e intentar nuevamente escuchar los latidos del corazón, pero mientras tanto me siento confiada de que todo está bien.

26 de abril de 2014
Hoy tuvimos a la familia de Nathan y a mi familia en nuestra casa para almorzar y jugar bádminton, con el pretexto de celebrar mi cumpleaños. Después de servir el pastel, les dijimos que estábamos embarazados, ¡y todos estaban muy emocionados! ¡Todos gritaban de alegría! Estaba tan emocionada de contarles que me temblaban las manos. Mi mamá estaba tan feliz que lloró. Luego nos sentamos a hablar y hacer planes, fue una tarde perfecta llena de alegría y anticipación

Nathan y yo venimos de familias bien unidas que viven en la misma ciudad, ¡y compartir las noticias con ellos fue un evento muy divertido! Recuerdo que traté de ponerlos a todos en el mismo lugar al mismo tiempo para que pudiéramos compartir las noticias. Finalmente, pensamos que teníamos a todos reunidos cuando cantábamos y cortábamos el pastel, pero inmediatamente después de que hicimos el gran anuncio, mi hermano salió del baño. ¡Ni modo!

En nuestra boda, mi esposo y yo tuvimos la idea de hacer una pintura juntos en lugar de hacer una vela de unidad. Sí, yo pinté vestida de novia durante la ceremonia. Fue uno de nuestros momentos favoritos del día, y tenemos el cuadro colgado en nuestra sala.

EMOCIÓN

Mi esposo y yo decidimos pintar otro cuadro y hacer un video del proceso para anunciar en las redes sociales que estábamos esperando un bebé. Esa semana pintamos nuestra foto mientras mi hermano filmaba, y pasamos el fin de semana editándola juntos. Luego, colgamos el cuadro original en la habitación del bebé, sobre la cuna. En el video, la canción que tocamos mientras pintábamos era "Cosas Hermosas" de Gungor, la misma canción que usamos durante nuestra ceremonia de boda. Solo en retrospectiva, nos dimos cuenta de cuán apropiadas eran realmente las letras de la canción.

Cosas hermosas
Todo ese dolor
Me pregunto si un día podré encontrar mi camino
Me pregunto si mi vida cambiará de verdad

Toda esta tierra
Todo lo que se ha perdido,
¿se podrá encontrar de nuevo?
¿Puede un jardín emerger de esta tierra?

Tú haces cosas hermosas
Tú haces cosas hermosas del polvo
Tú haces cosas hermosas
Tú haces cosas hermosas de nosotros

Alrededor,
La esperanza surge de esta vieja tierra
En medio del caos, la vida se encuentra en ti

Me haces nueva,
Me estas haciendo nueva[1]

    El domingo siguiente en la iglesia, el Director del Centro Local de Embarazos vino y habló sobre su ministerio a las madres que no están seguras de continuar con sus embarazos y las formas en que las personas podrían participar. Tenía una mesa con modelos en tamaño real de cómo se ve un bebé en las diferentes etapas del embarazo.
    Nathan y yo nos paramos frente al modelo del feto de nueve semanas con asombro. Era tan pequeño, del tamaño de un frijol lima, y sin embargo tenía todas sus pequeñas partes del cuerpo. Nos miramos y sonreímos con asombro de pensar que el bebé dentro de mí se veía así.
    El siguiente paso fue nuestro ultrasonido de nueve semanas. No podía esperar a ver cómo nuestro pequeño grano de arroz había crecido en las últimas tres semanas. Estaban atrasados en el horario del consultorio del médico, y nos sentamos en la sala de espera durante más de una hora, viendo a los peces dar vueltas en el acuario. Mi esposo y yo nos tomamos de las manos, mirando a todas las demás mujeres embarazadas en la sala de espera y preguntándonos si mi barriga alguna vez sería tan grande. Finalmente, llegó nuestro turno de echar otro vistazo a nuestro pequeño bebé.

---

[1] Gungor. Liricas de "Beautiful Things." Capital Christian Music Group.

DOS

CONMOCIÓN

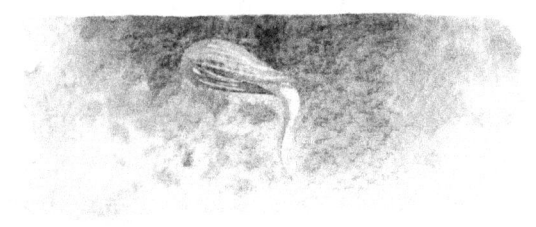

"Al oír esto, me rasgué el manto y la camisa, me arranqué el pelo de la cabeza y de la barba, y me senté completamente horrorizado".

∼ Esdras 9:3 (NTV)

5 de mayo de 2014

Hoy tuvimos nuestro segundo ultrasonido para poder escuchar el latido del corazón. El solo hecho de ver nuevamente ese pequeño bebé me hizo sonreír y reír. Había crecido un poco desde el último ultrasonido, y se podía distinguir la cabeza y el cuerpo. Sin embargo, la enfermera no estaba viendo un latido del corazón. Así que lo intentamos de nuevo por vía vaginal.

"A veces, cuando es tan temprano, nos cuesta mucho encontrar el latido desde el frente", explicó la enfermera. Ella me hizo ponerme una bata para que pudiéramos intentarlo de nuevo por vía vaginal.

Mientras me estaba cambiando de ropa, platiqué casualmente con mi marido, pero tenía este rastro de preocupación en mi mente. No lo dije en voz alta, pero esperaba que todo estuviera bien. De regreso en la mesa del doctor, contuve la respiración cuando el técnico de laboratorio lo intentó de nuevo. Miramos expectantes la pantalla, esperando ver una pequeña señal de los latidos del corazón. Empecé a pensar que algo podía no estar bien. Ella encontró al feto. No hubo señal alguna.

"Lo siento", dijo "no hay ningún latido del corazón".

Sin latidos del corazón. mis peores temores eran ciertos. El bebé estaba muerto.

El tiempo se detuvo. Sentí como si mi corazón también se hubiera detenido. El suelo pareció caer debajo de mí. Alcancé la mano de Nathan, y mis ojos se llenaron de lágrimas.

El técnico de laboratorio tomó algunas fotos y medidas mientras las lágrimas rodaban silenciosamente por mi cara. Esta fue la única vez que vi a mi esposo llorar en su vida.

Me dio un abrazo y me dijo: "Podemos intentarlo de nuevo". Asentí, pero no podía hablar.

Lloré, Nathan me sostuvo. No hay lucha en este punto, solo rendirse.

Todavía estaban atrasados con las citas de ultrasonido y necesitaban la habitación para la siguiente persona. Me volví a poner la ropa y nos sentamos en el consultorio del médico. Mientras estábamos sentados esperando en las sillas de cuero, me quedé completamente en estado de shock.

Miré las fotos familiares en la pared del doctor; él, su esposa y su enorme familia de hijos. ¿Cuántos hijos tuvieron? ¿Seis? ¿Ocho? Todos me estaban sonriendo desde el marco dorado. ¿Alguna vez tendría una foto familiar como esa?

El doctor entró después de unos minutos. Explicó que los abortos espontáneos ocurren todo el tiempo. Él y su esposa también habían experimentado un aborto espontáneo antes de su primer hijo. A veces, si hay algún problema con el bebé, el cuerpo naturalmente lo aborta. Es muy común.

Yo había experimentado lo que ellos llaman un "aborto espontáneo retenido". Significa que el corazón del bebé deja de latir, pero el cuerpo continúa sosteniendo al feto porque aún no ha reconocido la pérdida. Hormonal y físicamente, el cuerpo continúa actuando como si estuviera embarazada y puede continuar sosteniendo al bebé por varias semanas más. Teníamos algunas opciones. Podríamos esperar a que el cuerpo expulse al bebé de forma natural, o podríamos programar un dilatación y legrado en ese momento, y extraer el tejido quirúrgicamente.

Mi mente estaba tratando de seguir el paso de lo que estaba sucediendo. ¿El tejido? ¡No, ese es mi hijo! Yo vine para ver un ultrasonido de mi bebé, ¿y ahora quieren operarme y sacarlo hoy mismo? ¡No! Decidí esperar.

El médico explicó que la espera era psicológica y emocionalmente difícil para la mayoría de las mujeres porque no hay forma de saber cuándo el cuerpo decidirá terminar el proceso. Podría ser ese día, o podría durar semanas, lo que podría causar infecciones dañinas. Me dijo que llamara y programara la cirugía si cambiaba de opinión o llamara para programar una cita de seguimiento después de que el aborto espontáneo se hubiera completado de forma natural.

Si hay algo sobre lo que las personas no tienen control, es el embarazo. Tenemos que dejar eso a Dios, y Él todavía lo sabe todo, es fiel y amoroso. Lo bueno es que sabemos que todo trabaja, podemos concebir. Así que ahora es solo cuestión de tiempo, lo intentaremos de nuevo. Nathan y yo pasamos el día juntos tratando de comprender ... ¿qué hacemos ahora? Comimos hibachi y sushi y nos fuimos a nadar al gimnasio.

Mi esposo y yo salimos desorientados de la oficina. Nathan llamó al trabajo para hacerles saber que estaría fuera por todo el día. Fuimos a almorzar juntos a un restaurante de sushi. No hemos vuelto a comer allí desde entonces.

Solo recuerdo haberle preguntado continuamente: "¿Qué hacemos ahora?" No hubo una respuesta clara. No había nada que pudiéramos hacer. Estaba hecho. Soy el tipo de persona que cree que si hay voluntad, hay un camino. Pero no había nada que pudiera cambiar lo que ya había sucedido. Ya todo había terminado.

Me sentí como un globo. Emocionalmente, estaba tan entusiasmada por el nuevo bebé, llena de tantas ideas, proyectos y preparativos. ¡Me había inflado de alegría casi a punto de estallar! De repente, fue como si alguien hubiera soltado el extremo del globo. Todo el aire salió volando, dejando atrás una cáscara plana y desinflada. Los globos nunca se ven igual después de ser inflados y luego desinflados. Ellos quedan con esas arrugas que muestran el desgaste de la experiencia. Mi alma se sentía como ese globo flácido y arrugado.

Mi siguiente pregunta era si podría haber sido mi culpa. ¡Estaba segura de que no podía ser mi culpa! Yo había hecho todo bien. Yo había seguido al pie de la letra cada pieza de literatura sobre embarazos que pude conseguir. No comí sushi ni comida delicatessen ni anduve en bicicleta. ¡Pero yo había montado un caballo! ¿Podría eso haber causado esto? Aunque sabía que nada de lo que había hecho había causado el aborto espontáneo, mi mente estaba trabajando en mi contra. No podía manejar emocionalmente ninguna responsabilidad o culpa además del dolor que ya estaba procesando.

En algún momento durante nuestro almuerzo, mi esposo dijo: "Vamos a planificar un viaje". Nos encanta viajar juntos. Sacó su teléfono y se desplazó a través de las diferentes opciones. Recuerdo haber tenido miedo de reservar un viaje, porque pensaba ¿quién sabe? ¡Tal vez quedamos embarazados el próximo mes! Él concluyó que podríamos hacer el viaje en unos cinco o seis meses, de esta forma yo podría ir aún si estuviese embarazada. Reservamos un viaje de dos semanas a China. Parecía una cosa extraña, pero tengo que darle crédito a mi esposo por su visión, me alegro de haberlo hecho.

No recuerdo haber ido al gimnasio a nadar ese día, pero no me sorprende. Estaba en el equipo de natación de la escuela preparatoria, y hay algo muy tranquilizante acerca de alcanzar el ritmo perfecto de los movimientos y la respiración, siguiendo la línea en el fondo de la piscina y contando las vueltas.

Después de todos estos años, recuerdo otras dos cosas de ese día. Lo primero es que alguien robó nuestra sierra circular. Entre mi esposo y yo, siempre estamos creando algo. Esa mañana había estado trabajando en un proyecto y dejé la sierra en la cochera mientras íbamos a la cita, asumiendo que terminaría cuando regresáramos. Cuando llegamos a casa, la sierra ya no estaba. ¡Alguien la había sacado de nuestra cochera! Me sentí tan quebrantada. Recuerdo que pensé: "Eso no es lo único que me fue arrebatado hoy". También fue algo simbólico porque pasaría meses antes de que tuviera la voluntad de trabajar en cualquier proyecto.

> ¿Sabías?
>
> Cada granada supuestamente contiene 613 semillas, el mismo número de leyes en el Antiguo Testamento. Por esta razón, es un alimento que tradicionalmente se come en Rosh Hashana.

Fui a trabajar por un tiempo. Quería ver a los niños.

Lo segundo que recuerdo es que fui a trabajar. En ese momento yo era la directora de primaria en un programa después de la escuela para niños en riesgo. No era el tipo de trabajo por el que simplemente podía llamar para decir que estaba enferma, así que fui a trabajar esa tarde. El trabajo resultaría ser un salvavidas en los próximos meses. No lo sabía en ese momento, pero trabajar con los niños sería, irónicamente, el único tiempo que dejaría de pensar en el niño que perdí.

Les hacemos saber a nuestras familias las noticias.

Las mujeres no suelen hablar de aborto espontáneo, porque es un tema muy oscuro, pesado y profundamente personal. Siempre se nos dice que esperemos hasta que tengamos doce semanas de embarazo para compartir las noticias porque puede haber un aborto involuntario. Aquí está mi pregunta: ¿y qué? ¿Por qué se espera que llore la pérdida de mi bebé en privado? ¿Por qué se espera en nuestra cultura que sintamos vergüenza cuando sufrimos una pérdida en el embarazo? ¿Por qué todo este secreto? Estoy tan agradecida de haberle dicho a mi familia que estábamos embarazados antes de que ocurriera el aborto espontáneo.

No hubiera querido decirle a mi madre: "Estaba embarazada, pero tuve un aborto espontáneo". Eso habría sido mucho para que ella lo procesara y al mismo tiempo poder mostrar empatía en mi dolor. Fue muy agradable poder regocijarse con toda nuestra familia y amigos por un tiempo, y luego permitirles compartir la pérdida también. Pero esto rara vez es el caso. La mayoría de las mujeres que sufren un aborto involuntario solo han compartido las noticias sobre el embarazo con su cónyuge, porque la mayoría de los abortos espontáneos ocurren muy temprano. Ese sentimiento de luchar sola es lo que hace tan difícil procesar el dolor del aborto espontáneo.

Tener un aborto espontáneo es a menudo un camino muy solitario para andar. Incluso aquellos más cercanos a nosotros, como nuestros esposos, serán comprensivos pero no entenderán ni experimentarán completamente las mismas emociones que estamos atravesando. Es fácil sentir que somos las únicas en el mundo sin un bebé, pero no lo somos. Muchas mujeres están experimentando la misma montaña rusa emocional y física que nosotras, pero nadie habla de ello.

Ahora esperamos que ocurra el aborto espontáneo, para que mi cuerpo actúe según lo que mi mente ya sabe. Dicen que pueden pasar hasta seis semanas antes de que ocurra naturalmente, pero quiero evitar la cirugía si es posible. Me temo que, tan difícil como fue hoy, la siguiente parte puede ser la más difícil. Y sin embargo, Dios me ha cubierto con Su gracia hoy y me ha llevado con su paz. Sé que su voluntad y sus tiempos son los mejores, y voy a descansar en eso.

La vida continuaba con normalidad a mi alrededor, pero por dentro, estaba paralizada. Este fue el comienzo de una de las temporadas más difíciles de mi vida que he tenido que atravesar.

Conmoción y negación van de la mano. Al principio, esto tomó la forma de una negación hipotética: "¡No puedo creer que me haya pasado esto!". Pero en veinticuatro horas, se convirtió en una negación literal, gracias a Google. Cometí un error clásico la semana que recibimos la noticia. Busqué en Internet información sobre los abortos espontáneos: cuánto tiempo llevaría expulsar el tejido, cómo sería la recuperación, cuánto tiempo deberíamos esperar antes de volver a intentar embarazados e historias de otras mujeres en circunstancias similares.

9 de mayo de 2014

Hoy fue un día muy duro. He estado aceptando las cosas bastante bien, dejando que esta situación consuma cada día un poco menos de mis pensamientos hasta hoy. Por primera vez, me pregunté ... ¿se pueden equivocar en el diagnóstico de un aborto espontáneo diferido? Lo busqué en Google, eso fue un error.

En mi lectura, me encontré con algunas historias increíbles de mujeres que fueron diagnosticadas con un aborto espontáneo diferido, ¡pero el médico se había equivocado! ¡Sus bebés estaban sanos y vivos, y el latido del corazón había estado allí todo el tiempo, sin ser detectado!

Hay un sitio web completo de historias de diagnósticos erróneos con ultrasonidos sin latidos cardíacos, solo para mostrar a un bebé perfectamente sano unas semanas después. De repente, había esperanza, y quería una segunda opinión.

Mi mente comenzó a tambalearse. ¿Qué pasa si mi bebé está bien? ¿Puedo obtener una segunda opinión? ¿Podemos tratar de encontrar el latido del corazón de nuevo? ¿Cómo puedo asegurarme? No podía dormir porque la posibilidad de que el bebé esté vivo me perseguía. Estaba decidida a no operarme porque en realidad podría estar lastimando a un bebé perfectamente sano. Estos pensamientos me consumieron durante varios días, y pensé que, literalmente, me volvería loca con la incertidumbre. La parte racional de mi cerebro sabía que todo esto era ridículo. Pero permítanme decir que las hormonas del embarazo todavía estaban en su apogeo, y mi pobre cuerpo estaba tan confundido. ¿Estaba creciendo un bebé dentro de mi o no?

En mi angustia, necesitaba alguien con quien hablar e hice algo muy extraño: llamé al centro local de embarazos. Tal vez fue porque la directora había hablado en nuestra iglesia apenas una semana antes, y ella estaba en mi mente, pero sabía que necesitaba que alguien especializado fuera la voz de la razón.

Me sentí tan tonta cuando llamé: "Estaba embarazada y tuve un aborto espontáneo esta semana, y sé que usted suele hablar con las mujeres que están embarazadas pero no quieren estarlo, y no con las mujeres que desearían estar embarazadas ... pero realmente necesito a alguien con quien hablar acerca de todo esto ... "y eso fue hasta donde llegué antes de sollozar.

> Hay tres necesidades del afligido: encontrar las palabras para la pérdida, decir las palabras en voz alta y saber que las palabras se han escuchado.
> - *Victoria Alexander*

La directora fue muy agradable. Ella me ayudó a volver a la realidad de que el aborto espontáneo realmente había ocurrido, pero me recordó que las promesas de Dios aún eran ciertas. Ella oró por mí y sentí la paz y la tranquilidad de Dios.

Pero al mismo tiempo supe que el bebé se había ido y que todo lo que quedaba en mí era una cáscara. ¡Bienvenido a las etapas de negación y negociación de la pena! Finalmente, aceptar la verdad de nuevo fue como escuchar las noticias de nuevo. Siento que estoy de vuelta en el punto uno emocionalmente, y estoy orando para que el aborto espontáneo comience pronto solo para que pueda tener un cierre.

Una vez más, acepté el hecho de que no tenía un bebé vivo dentro de mí. Ese día también comencé a apoyar financieramente el centro de embarazo mensualmente.

Parece que después de mi aborto espontáneo, casi todas las personas con las que compartí la noticia habían experimentado un aborto espontáneo en algún momento también. Sus historias me ayudaron a darme cuenta de que estaba lejos de estar sola en mi experiencia: mujeres que habían tenido catorce abortos espontáneos seguidos, perdieron a su bebé a término o que tuvieron múltiples abortos espontáneo e hijos nacidos muertos. Mientras estaba tentada a creer que mi pérdida y mi dolor no eran tan importantes en comparación con los de ellas, rápidamente me di cuenta de que no hay una escala de uno a diez cuando se trata del dolor. Cada pérdida es significativa. Hablar con mujeres que no solo habían vivido esas tragedias, sino que también podían alabar a Dios por su provisión en medio de ellas, fue una gran ayuda para mí. Esto es algo de lo que tenemos que hablar más.

Mientras valoraba el consejo sabio, también recibí muchas respuestas no solicitadas y bien intencionadas de otras voces. En la fase de conmoción, estos intentos de consolarme no fueron ningún consuelo. Con la pérdida tan reciente, casi todos los comentarios causaron ofensa o dolor. Y por cada estímulo optimista que alguien ofreció, mi resentimiento tenía una respuesta defensiva:

"Muchas veces, cuando el cuerpo sufre un aborto espontáneo, es porque el bebé tenía algún problema, por lo que es realmente una bendición disfrazada".
No, no es una bendición. Bajo ninguna circunstancia esto es, o será esto, una bendición.

"Simplemente no estaba destinado a ser".
Dios creó a este niño muy intencionalmente, entonces sí, mi bebé estaba destinado a ser.

"¡Podrás intentarlo de nuevo!"
Sí, lo haremos, y no cambiará mágicamente el hecho de que perdimos un bebé.

"Al menos sabes que puedes quedar embarazada".
No estoy segura de qué sirve si no puedo llevar a término al bebé.

"Tuve un aborto espontáneo, pero mira! ¡Ahora tengo tres hermosos hijos!
Eso es maravilloso, pero no sé si ese será el final de mi historia.

"Dios sabe mejor, y su tiempo es perfecto".
Sé que eso es cierto, pero no me consuela con la cruda experiencia del dolor.

En este punto de mi caminar, interpreté sus esfuerzos por consolarme como un intento apenas disimulado de descartar la gravedad de mi dolor.

Intentaban hacerme sentir mejor, pero la verdad era que yo no quería sentirme mejor por mucho tiempo. De todas maneras, no era la palabra correcta de sabiduría lo que yo necesitaba en esta etapa. Lo que necesitaba era que alguien reconociera la legitimidad y la profundidad de mi dolor y me permitiera sentirlo completamente por un tiempo.

    Quería sentir toda la pérdida, el dolor y la pena. Quería experimentar plenamente el dolor porque era triste. La vida del niño que amaba estaba perdida. En última instancia, sentí que sentirme mejor significaría que estaba olvidando a mi hijo.

TRES

APREHENSIÓN

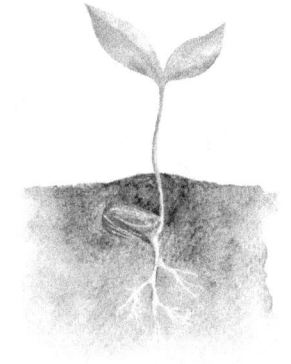

"Lo que más temía, me sobrevino; lo que más me asustaba, me sucedió. No encuentro paz ni sosiego; no hallo reposo, sino solo agitación".

Job 3:25-26 (NVI)

Una vez que me recuperé de la conmoción, me llené de anticipación mientras esperaba que ocurriera el aborto espontáneo. ¿Cuándo expulsaría el tejido? ¿Que pasa si sucede en el trabajo, delante de todos los niños? Eso sería muy difícil de explicar. ¿Y si sucede en la iglesia? ¿O en el supermercado? Comencé a traer toallas sanitarias nocturnas y un cambio de ropa extra en mi auto a todos lados, por si acaso.

¿Cómo se sentiría? ¿Sería doloroso? El médico dijo que experimentaría calambres como si fuera un período menstrual habitual. Pero tengo un médico varón, ¡nunca ha tenido un aborto espontáneo ni un período menstrual! ¿Cómo lo sabe? ¿Cuánto tiempo pasaría hasta que sucediera? ¿Serían días? ¿O semanas? ¿Cuánto tiempo tomaría terminar? ¿Sería muy repentino? ¿O gradual? Básicamente, me estaba volviendo loca mientras esperaba lo inevitable. El miedo a lo desconocido era abrumador.

10 de mayo de 2014

Comencé el sangrado hoy, y fue una sensación de alivio. ¡Dios es tan misericordioso!

Me sentí tan aliviada de que comenzó un sábado, cuando estaba en casa, y no en el trabajo. También me sentí aliviada de que algunas de las preguntas desconocidas pronto acabarían. Estaba lista para finalmente terminar con la parte física del aborto espontáneo y poder seguir adelante.

11 de mayo de 2014

Día de la madre. Tantos sueños y esperanzas hoy se sienten vacíos y perdidos.

En el Día de la Madre, yo llevaba un feto sin vida dentro de mí. Pensé que nunca lograría superar ese día. El dolor era tan crudo y la pérdida tan sustancial. En el camino a la iglesia esa mañana, quería desesperadamente que Nathan me dijera "Feliz Día de la Madre" para legitimar el hecho de que algo real había sucedido. Pero al mismo tiempo, tenía tanto miedo de que él dijera algo, y me rompiera en mil pedazos y nunca me recuperara.

Pobre hombre, qué situación tan perdida. No dijo nada, pero cuando llegamos a la iglesia, un amiga me dio un abrazo y me lo dijo. Fui al baño, y lloré a mares. Me perdí todo el tiempo de alabanza.

Solo una nota al margen: si has tenido un aborto espontáneo, tienes derecho a celebrar o no celebrar el Día de la Madre. Tu eres madre. Siempre serás una madre. Y una madre que ha perdido un hijo.

16 de mayo de 2014

En realidad, hoy sucedió el aborto espontáneo. Me tomé el día libre del trabajo por el dolor. Durante los últimos días he tenido como un período menstrual fuerte, pero hoy tuve unas tres de horas de intensos calambres (dos aspirinas ni siquiera tocaron del dolor). Mucha sangre, y luego lo peor se acabó.

De todos los comentarios no útiles que recibí en la fase de conmoción, hubo uno que realmente escuché y usé. Venía de mi cuñada, quien había luchado contra la infertilidad durante años.

Ella simplemente me dijo: "El chocolate ayuda." Ella tenía razón.

Recuerdo algunas cosas sobre el día en que aborté al bebé. Primero, el dolor era mucho peor que un período menstrual regular, y pasé mucho tiempo maldiciendo a mi médico por no prepararme mejor. En segundo lugar, recuerdo haber comido una caja completa de galletas de chocolates mientras lloraba de dolor en el sofá. Pasé la mayor parte del día acurrucada en la posición fetal, experimentando un dolor intenso, preguntándome si eso era lo que se sentía en el parto. Si es así, estaba bastante segura de que nunca sería capaz de dar a luz si tuviera la oportunidad. Después de cambiar un número ridículo de toallas sanitarias, finalmente me senté en el inodoro para lo peor, y eso ayudó.

Supe exactamente cuando el bebé pasó. Incluso con el bebé de solo nueve semanas de edad, pude sentir cuando salió. Luché por un momento, tratando de decidir si debía mirar o no. ¿Quería ver a mi bebé? Sabía que nunca podría dejar de verlo.

Teníamos conejos como mascotas en ese momento, y dieron a luz unos meses antes. Es común que los conejos empujen a un bebé enfermo fuera del nido y lo rechacen. Varios meses antes, nuestro conejo había sacado una camada de bebés fuera del nido. Tenían sólo uno o dos días, y cuando los encontramos, ya habían muerto en el aire invernal. Eran tan pequeños, solo un poco más grandes que la uña de mi dedo pulgar. En ese momento, yo lloré del impacto y el horror de lo que estaba viendo.

Sentada en el baño, pensé en esos pequeños conejos bebés. En lugar de mirar, cerré los ojos y jalé la cadena. Y entonces, lloré.

Una vez más, tuve una sensación de alivio, una sensación de cierre. Todavía no estoy en el punto en el que tengo ganas de volver a intentarlo o de pensar en el próximo bebé, todavía sigo extrañando a este. El siguiente paso es tener otro ultrasonido para ver que todo el útero se haya vaciado. (¿Necesito una imagen de mi vientre vacío?)

28 de mayo de 2014

Hoy fue mi ultrasonido para revisar y asegurarse que no haya nada dentro de mi útero y que el aborto espontáneo estuviera completo. A pesar de que he estado mucho mejor esta semana, el solo hecho de entrar a la sala de espera me hizo llorar. Y luego ver mi útero vacío fue tan diferente a la visita anterior, en la que vi una pequeña vida.

Sentarse en la sala de espera ese día fue una tortura. Estaba observando el mismo pez dando vueltas en el tanque, como lo hice unas semanas atrás cuando estaba llena de tanta alegría, esperanza y promesa. Una vez más, estaba en la sala rodeada de mujeres embarazadas, mujeres floreciendo con una nueva vida. Pero yo estaba vacía. No tenía vida en mí. Sin esperanza. Sin crecimiento. Tuve una pérdida.

Sin embargo, todo se veía bien, y la enfermera dijo que si tenía que ocurrir un aborto espontáneo, había tenido el "mejor escenario". Dijo que los ovarios y el revestimiento del útero estaban muy sanos, y no deberíamos tener ningún problema para concebir de nuevo.

Siempre he sido una persona muy positiva, definitivamente un tipo de chica optimista. Incluso en esta memoria de mi diario, me esfuerzo por ver lo mejor en cada parte de la situación y contar mis bendiciones. No tendríamos que hacer una cirugía, y presumiblemente podría concebir de nuevo. La vida seguiría adelante.

Le pedí la imagen de mi último ultrasonido y me la imprimió. A pesar de que es solo un pequeño destello en la pantalla, es el único recuerdo tangible que tenemos de nuestro primer hijo. Al salir de la oficina, una vez más, estaba luchando contra las lágrimas. La pena no es extrañar a un ser querido perdido, solo es sentir una pérdida, un vacío inexplicable, la pena de un sueño sin cumplir.

Fue difícil poner en palabras lo que estaba lamentando en ese momento. Nunca había conocido a mi hijo, por lo que no podía extrañar su personalidad. Si bien parece que esta distinción haría que la pérdida se sintiera menos significativa, en realidad tuvo el efecto contrario. Se sentía menos como una pérdida y más como una violación. Sentí que algo me había sido arrebatado injustamente. Me sentí robada y engañada por la alegría y la esperanza que debería haber experimentado.

Sin fecha

30 días escogiendo ser agradecida

Gratitud: aprender a reconocer y expresar aprecio por los beneficios que hemos recibido de Dios y de otros.

Sé que he sido muy bendecida, pero a menudo no me detengo para expresar mi gratitud a Dios.

Padre, quiero pasar los próximos 30 días agradeciéndote intencionalmente por todas tus bendiciones. Gracias por un nuevo día con los niños en el trabajo y la oportunidad de mostrarles la vida contigo. Gracias por el sacrificio que hiciste al darnos a tu Hijo y por compartir nuestro dolor cuando también experimentamos pérdidas.

¡Esta fue una gran idea! Qué mejor manera de experimentar gozo en el medio del dolor que comenzar con gratitud. Treinta días de escribir todas las cosas por las que estaba agradecida me ayudaría a concentrarme en las bendiciones de Dios, en lugar de en la única cosa que me faltaba. Como verás en la próxima memoria de mi diario, esta gran idea nunca pasó del primer día. Pero supongo que un día de gratitud es mejor que nada. A seguir adelante.

Siempre he usado la escritura como una forma personal de procesar mis pensamientos, emociones, ideas y las lecciones de la vida. Cuando escribo, derramo mi corazón a Dios. Mientras que a menudo comienzo en un lugar de confusión, al final termino en un lugar de paz. Dios se encuentra conmigo mientras escribo, le dice la verdad a mi corazón y alinea mi mente con Sus promesas. Por lo tanto, cuando evito a Dios, también evito escribir.

En esta temporada, dejé de escribir. Lo que siguió fueron dos meses de silencio. Silencio en el que no quería escuchar la voz de Dios, porque tenía miedo de lo que pudiera decir. Silencio en el que traté de adormecer el dolor, en lugar de lidiar con él. Silencio en el que me derrumbé en autocompasión y no quise dejar de ser la víctima. No estaba en un lugar saludable, pero tampoco estaba preparada para enfrentar el crecimiento que era necesario para estar sana nuevamente.

CUATRO

INESTABILIDAD EMOCIONAL

"Es muy curioso: uno puede resistir las lágrimas y "comportarse" muy bien en las horas más duras de dolor. Pero entonces alguien te hace un signo amistoso detrás de una ventana, o te das cuenta de que una flor que ayer estaba en el capullo ha florecido repentinamente, o una carta se desliza de un cajón ... y todo se derrumba".
— Colette

Sé que no me conoces, aunque a través de estas páginas me estás conociendo muy íntimamente. El problema es que el "yo" que estás conociendo es bastante diferente de mi yo típico. Cuando no estoy caminando a través del dolor, no soy una llorona. Soy una persona contenta, de temperamento estable, pacífica, predecible, confiable, responsable, orientada a metas, motivada y autodisciplinada. Valoro el orden, el pensamiento racional, la planificación y la positividad.

Si me conocieras, no me reconocerías como me describo durante los meses que siguieron. Para resumirlos en una palabra, eran emocionales. Yo era una persona impredecible, una montaña rusa de locura. Estaba llena de frustración, confusión, enojo, tristeza y vacío. Me había perdido a mi misma y me extrañaba, pero no sabía dónde había ido ni cómo recuperarme.

Estaba enojada conmigo misma porque estaba experimentando un cambio en el comportamiento que me resultaba extraño: la falta de deseo de hacer algo, ninguna motivación o alegría en la vida, cambios de humor incontrolables (con muchas lágrimas) y un nuevo hábito de olvido. Ninguna de estas eran mis características habituales, y verlas me hacían sentir demasiado quebrantada e incompetente para lidiar con los factores estresantes habituales de la vida cotidiana.

❧ PENAS AMARGAS ❧

Nunca entendí completamente la profundidad de la palabra "devastación" hasta que tuve un aborto espontáneo. Estaba completamente devastada, casi paralizada por el dolor. Las cosas más pequeñas me hacían llorar. Tantas lágrimas. Justo cuando pensaba que lo estaba haciendo mejor, lo más extraño, pequeño y discreto provocaría una liberación emocional de proporciones épicas. ¿Por qué no pude evitar llorar? Me hizo sentir un poco mejor culpar a las locas cantidades de hormonas confundidas en mi cuerpo.

¡Cuando intentaba mantener el dolor alejado, me seguía en mis sueños! Una noche soñé que caminaba por un camino y vi el nido de un pájaro en un árbol con una madre pájaro sentada sobre tres huevos. El nido cayó del árbol y los huevos se rompieron en el suelo. Inmediatamente, caí de rodillas con fuertes sollozos, llorando incontrolablemente. Era el tipo de sollozo que viene del estómago y no podía respirar. Todos a mi alrededor me miraban como si estuviera loca por llorar por una cosa tan pequeña. Me desperté con esa sensación renovada que se siente después de un muy buen llanto. Supongo que lo necesitaba.

Finalmente, pude dejar de sentir vergüenza de las lágrimas y aceptarlas. Cuando veía un anuncio de otro bebé en Facebook, y quería tirar mi laptop por la ventana, me decía a mi misma, está bien que sientas

> ❝ La pena, he aprendido, es realmente solo amor. Es todo el amor que quieres dar pero no puedes dar...Todo ese amor no gastado se acumula en las esquinas de tus ojos y en esa parte de tu pecho que tiene esa sensación de vacío. La felicidad del amor se convierte en tristeza cuando no se gasta. La pena es solo amor sin un lugar adonde ir. ❞
> - *Jamie Anderson*

así. Cuando veía a un recién nacido en el supermercado y lloraba histéricamente en medio del pasillo nueve, estaba bien. Cuando todos a mi alrededor parecían estar progresando en la vida y yo estaba quieta, estaba bien. Me di permiso para llorar un poco todos los días, solo que no me permití quedarme allí.

Recuerdo que una amiga me llamó para ponerme al día. Hablamos durante quince minutos sobre su vida, como siempre. Cuando me preguntó cómo estaba, abrí la boca para decir que estaba bien. Lo que salió en cambio, fueron enormes sollozos. Lloré sin parar en el teléfono, haciendo por momentos intentos incomprensibles de hablar, hasta que finalmente colgué.

Un domingo en la iglesia, mi pastor estaba predicando sobre el dolor y las duras dificultades. Él hizo una declaración, que cuando pasamos por las pruebas y las dificultades, éstas nos acercan a Dios. Él dijo que al final, valoraríamos tanto la relación con Dios obtenida en la prueba, que eso hará que la prueba haya valido la pena. Afirmó que no querríamos cambiar esas circunstancias incluso si pudiéramos. Recuerdo haber pensado: "Nunca me sentiré así con respecto a esta situación. Nunca querré no revertir lo que sucedió". No podía imaginármelo en ese momento, pero resultó que él tenía razón.

✿ FRUSTRACIÓN ✿

Estaba frustrada con mi cuerpo. Seguí sangrando y mis ciclos no volvían a la normalidad. ¿Cómo podría quedar embarazada de nuevo si todavía no estaba ovulando? Me sentía estancada, como si la vida avanzara a mi alrededor, pero yo estaba mirando desde afuera. Las amigas que habían estado embarazadas al mismo tiempo que yo empezaron a publicar fotos de bebés en las redes sociales. Otros amigos anunciaron nuevos embarazos. Me alegré mucho por ellos, pero me pregunté por qué se me negaba lo que se les había concedido a ellos. Cada día era una lucha nueva.

También estaba frustrada con mi mente. En el trabajo, estaba haciendo cosas que eran completamente inusuales acerca de mí. En varias ocasiones, no llegué a las reuniones. No es que llegaba tarde o decidía no ir. Simplemente olvidaba por completo que tenía una reunión. Cada vez que sucedía, cuando me daba cuenta que me había perdido la reunión, no podía creerlo y me enojaba conmigo misma por olvidarme de las cosas. Sentía como si mi mente se estuviera rebelando contra mí al tomar la información que necesitaba y a propósito sacarla de mi memoria. Nunca antes había experimentado algo así. No tenía ninguna explicación para mi comportamiento.

Este rebelión de la mente parecía infiltrarse en otras áreas de mi vida. Incluso las tareas más simples parecían abrumadoras. Cambiar el aceite de mi auto, ir al dentista para una limpieza regular o pagar una factura, me parecían tareas insuperables que no podía manejar. Sabía que estas cosas pequeñas no deberían ser tan estresantes. Fue frustrante no poder funcionar a mi nivel de capacidad habitual y no saber qué había cambiado o cómo solucionarlo.

🍃 IRA ENVIDIOSA 🍃

La ira comenzó incluso antes de que hubiera completado el aborto espontáneo, y era una ira envidiosa. Fui a la fiesta de cumpleaños de un sobrino mientras aún llevaba a mi bebé sin latidos cardíacos, y allí había una señora con su hermosa bebé de tres semanas. Estoy segura de que si mis ojos hubieran sido como rayos láser, esa bebé habría estallado como una bola de fuego.

Las personas que apenas me conocían preguntaban con una sonrisa pícara cuando Nathan y yo planeamos comenzar una familia. No era su culpa, pero la gente siempre parece preguntar o comentar en los días más inoportunos. Cuando el dolor es reciente, realmente no hay buenos días para hablar de ello.

La misma semana que tuvimos el ultrasonido devastador, mientras todavía tenía al bebé, estaba haciendo fotocopias en la iglesia cuando una antigua compañera de trabajo me preguntó en broma cuándo Nathan y yo íbamos a tener hijos. En mi mente, di una respuesta evasiva y ocurrente. Honestamente, en realidad no recuerdo cómo respondí. Recuerdo que me volví a la copiadora y traté de parecer ocupada para ocultar el hecho de que visiblemente me estaba desmoronando. Afortunadamente, ella no se detuvo para una larga conversación y volvió a su escritorio. Los botones de la copiadora se empañaron cuando mis ojos se llenaron de lágrimas. Apoyé mis manos temblorosas en la cubierta de plástico de la máquina mientras zumbaba y escupía papel tras papel. Solo Dios sabía si tendríamos hijos y cuándo.

Mis relaciones con los demás se tensaron. La amistad con cualquier persona embarazada o que tenían un bebé fue una lucha excepcional. Una buena amiga mía me invitó a almorzar y, como no nos habíamos visto en varios años, sabía que me iba a decir que estaba embarazada. Mientras manejaba a su encuentro, me sentí físicamente enferma del estómago de solo pensar en la feliz noticia de otra persona. Ella no estaba embarazada, ¡gracias a Dios! Después de esto, me sentí culpable por sentirme de esa forma. Me criticaba a mi misma por no estar dispuesta a celebrar con ella sobre las hipotéticas buenas noticias.

Esta ira continuó durante todo el proceso de duelo. Cuatro de mis cinco amigas más cercanas estaban embarazadas en ese momento. A medida que avanzaban sus embarazos y llegaban las fechas de los nacimientos, les hablaba cada vez menos. No era nada de lo que habían dicho o hecho, simplemente no podía enfrentar la realidad de cómo habría sido mi vida. Ver a sus hijos en crecimiento sigue siendo un recordatorio de la edad que tendría mi hijo.

Estaba enojada con cualquier discusión sobre el aborto. Estaba indignada de que alguien quisiera destruir la vida que tan desesperadamente yo quería experimentar. Tuve una falta de empatía por las madres que se quejaban de cómo su bebé las había mantenido despiertas toda la noche. Si alguien experimentaba algún síntoma incómodo del embarazo y querían que alguien las escuchara, ellas sentían remordimiento de compartirlo conmigo.

En ese momento, trabajaba con muchas familias de bajos ingresos y niños en situaciones de riesgo, donde me encontré con muchas madres jóvenes y solteras que luchaban por mantener a sus familias. Cuando una de ellas anunciaba un nuevo embarazo, en lugar de sentir simpatía por sus difíciles circunstancias, no podía dejar de mirar a Dios y pensar: "¿De verdad? ¿Por qué ellas, y no yo?"

En mi mente, este pensamiento parecía justificado. Mirando hacia atrás ahora, estoy horrorizada por mi arrogancia.

VACÍO

Durante estos meses, también carecí de mi habitual chispa de creatividad y entusiasmo para comenzar nuevos proyectos. Mientras usualmente estaba llena de ideas, ahora estaba vacía. No había motivación, ni energía, ni deseo. Simplemente no tenía nada en mí para dar. Sin embargo, todavía tenía que llenar mi tiempo.

Las personas recurren a todo tipo de distracciones cuando tratan con el dolor. Estas distracciones pueden convertirse fácilmente en adicciones a los alimentos, las drogas, el alcohol, las relaciones, los medios de comunicación, etc. Mi propia adicción es algo de lo que no estoy orgullosa y, mirando hacia atrás, me doy cuenta de lo ridícula que era.

¿Estás lista para esta confesión? Jugué Farmville 2.

Bien, sé que eso no es lo que esperabas oír. Dudo que aparezca en muchas listas de adicciones comunes al dolor, pero estoy siendo honesta.

Farmville es un juego en el teléfono en el que tienes una granja virtual, y ganas puntos por plantar nuevos cultivos, agregar nuevos animales y hacer crecer tu jardín lentamente. Es un juego repetitivo y sin sentido, muy adictivo y que consume mucho tiempo.

No puedo decirte cuántas horas pasé jugando ese juego. Cualquier oportunidad de estar sola con mis pensamientos se eliminó rápidamente al sacar mi teléfono. Bloqueé la realidad con la pantalla en la palma de mi mano. Suena tan tonto ahora cuando miro hacia atrás. Supongo que podría haber ahogado mis penas en una adicción con consecuencias mucho mayores que simplemente perder el tiempo. Aunque, ¿qué mercancía es más preciosa y limitada que el tiempo?

El hoyo negro de este juego se tragó horas y horas al día, durante meses, donde podría existir en una realidad virtual, en la que el dolor no existía. Era un lugar reconfortante para retirarme, donde me sentía segura. Afortunadamente, no me quedé allí para siempre.

Durante esta temporada de dolor, no estaba actuando sabiamente. Cuando miro hacia atrás y analizo mis acciones, recuerdo la definición de sabiduría establecida en el libro de Santiago.

> ¿Quién es sabio y entendido entre ustedes? Que lo demuestre con su buena conducta, mediante obras hechas con la humildad que le da su sabiduría. Pero, si ustedes tienen envidias amargas y rivalidades en el corazón, dejen de presumir y de faltar

a la verdad. Esa no es la sabiduría que desciende del cielo, sino que es terrenal, puramente humana y diabólica. Porque donde hay envidias y rivalidades, también hay confusión y toda clase de acciones malvadas. En cambio, la sabiduría que desciende del cielo es ante todo pura, y además pacífica, bondadosa, dócil, llena de compasión y de buenos frutos, imparcial y sincera. En fin, el fruto de la justicia se siembra en paz para los que hacen la paz.

Santiago 3:13-18 (NVI)

Al mirar la lista de rasgos mostrados por la sabiduría de Dios y aquellos mostrados por la sabiduría del mundo, es bastante obvio que mis acciones y emociones fueron guiadas por la sabiduría del mundo. En ese momento, pensé que estaba justificado sentir y actuar de esa manera debido a mi dolor, pero era solo una excusa. Estaba evitando a Dios, evitando Su Palabra y permitiendo que Satanás tuviera rienda suelta con mis emociones.

Los resultados fueron exactamente lo que describen los versos en Santiago: la envidia amarga de los que tenían lo que yo no tenía, la ambición egoísta de querer que se hiciera mi voluntad en mi tiempo, y una vida terrenal, no espiritual y llena de desorden. Las emociones negativas, que yo había permitido que controlen mi corazón por tanto tiempo, fueron una temporada en mi proceso de duelo. A menudo me pregunto si ese período de tiempo de inestabilidad emocional fue una pieza necesaria con la que tuve que trabajar o si se podría haber evitado. En cualquier caso, mi dolor amargo, frustración, ira envidiosa y vacío fueron producto del pecado, resultado de la influencia de Satanás sobre mi corazón y mi mente. Muchas personas dirán que no hay una manera incorrecta de afligirse, pero la Biblia da una clara advertencia de no recurrir a la sabiduría terrenal sobre la sabiduría de Dios, incluso en nuestra desesperación.

Desearía haber abrazado Su sabiduría en esta temporada y haber experimentado el carácter prometido en las Escrituras: puro, amante de la paz, sincero, lleno de misericordia y de todos los buenos frutos. Sin embargo, observe en esta lista que todos estos buenos resultados están relacionados con cómo tratamos a los demás, en lugar de bendiciones para nosotros mismos. Estar lleno de misericordia implica ser misericordioso con otros que son insensibles a nuestro dolor. La sinceridad significa ser honesto con los demás acerca de nuestras luchas. Ser amante de la paz demuestra cómo deberíamos desear tener relaciones sólidas con los demás, incluso cuando han sido bendecidos de una manera que no hemos sido bendecidos.

Esta sabiduría, si bien nos bendice indirectamente, busca compartir la bendición de Dios con los demás. En esta etapa de dolor, estaba demasiado preocupada por las bendiciones que sentía que Dios me estaba ocultando para poder dar algo a alguien más.

Curiosamente, la única vez que no estaba pensando en mi pérdida fue cuando estaba en el trabajo con los niños. Fueron una gran bendición durante esta temporada. Trabajar con ellos fue una salida para dar libremente el amor que tan desesperadamente quería compartir con mi propio hijo. Estar con ellos me obligó a pensar en alguien que no fuera yo y a lidiar con otros problemas que no fueran los míos.

Solo bajo esa forma de pensar pude encontrar la paz, tal como afirman los versos de Santiago. ¿No es asombroso cómo la Palabra de Dios es verdadera, incluso cuando parece contradecir todo lo que tiene sentido en el mundo? Para encontrar la paz en mi dolor, yo debía enfocarme en los demás.

Durante este tiempo, Nathan y yo estábamos en una fase de querer usar nuestro cuarto de acre de jardín en medio de la ciudad para intentar producir nuestra propia comida. Teníamos un huerto grande, gallinas, conejos y un invernadero, con un sistema de acuapónico para criar peces. Poco a poco, comencé a abandonar la granja de la realidad virtual y reingresar a la granja real en nuestro jardín.

La jardinería siempre ha sido terapéutica para mí, pero cultivar alimentos es aún más satisfactorio. Hay algo sobre cavar la tierra en la tranquilidad de la mañana, justo cuando sale el sol, puede calmar la mente y sanar el alma. Plantar semillas, verlas brotar a tiempo, levantar sus cabezas del suelo húmedo y abrir las dos primeras hojas verdes hacia el sol, es una transformación asombrosa de presenciar.

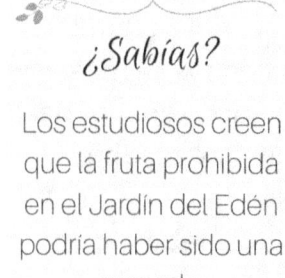

¿Sabías?

Los estudiosos creen que la fruta prohibida en el Jardín del Edén podría haber sido una granada.

El Dios que creó estos sistemas de crecimiento a través de las estaciones, haciendo que las semillas broten, crezcan hasta convertirse en plantas maduras, creen nuevas semillas y mueran, es el mismo autor de mi propia historia. Saber esto me dio esperanza. Había tanta vida a mi alrededor con nuevas camadas de bebés conejos naciendo, gallinas que picoteaban contentas y plantas que florecían y daban fruto. A medida que arrancaba las malezas, plantaba semillas y cosechaba vegetales, comencé a experimentar paz.

A pesar de que yo había ignorado a Dios al negarme a escribir en mi diario, Él me siguió hasta mi jardín, y allí Él me encontró con su presencia suave y sanadora. Fue allí donde comencé a hacer las preguntas que me habían atormentado durante todo el proceso de duelo. Estas preguntas no solo desafiaron mi fe, sino que también supe que las respuestas determinarían mi relación con Dios en el futuro. Nunca culpé a Dios por lo que había sucedido, pero cuestioné Su voluntad. Aún más, cuestioné mi disposición a entregar todo para seguir Su voluntad.

Comencé con la pregunta básica que todos hacen cuando algo sucede. ¿Por qué? ¿Por qué me ha ocurrido esto a mi? Mi reacción inmediata fue exigir mis derechos. Yo era una buena persona, así que merecía tener cosas buenas. Desafortunadamente, también sabía que esta idea no era bíblica. Mi perspectiva de "bueno" y "malo" fue sesgada. Miro el mal que me rodea y pienso que cualquier cosa mejor que eso, debe ser buena, pero Dios mira su propia perfección, y todo lo que sea menos que eso, es defectuoso. La Biblia dice: "pues todos han pecado y están privados de la gloria de Dios" (Rom. 3:23 NVI), y "Todos se han descarriado, a una se han corrompido. No hay nadie que haga lo bueno; ¡no hay uno solo!" (Rom. 3:12 NVI).

Después de leer estos versículos, no podía ser tan audaz como para afirmar que era una persona "buena", y ciertamente no podía afirmar que mereciera nada basado en esa bondad ficticia. Yo era una persona pecadora que había sido perdonada por la gracia de Dios. Como no hice nada para merecer esa gracia, no estaba en posición de exigir nada de Dios. En cambio, debería haber estado tomando una postura de gratitud, ¡y estaba muy lejos de eso! Necesitaba un cambio de perspectiva. Necesitaba ver las cosas como Dios, cuyos caminos son más altos que mis caminos y cuyos pensamientos son más altos que mis pensamientos (Is. 55: 9). Para tener una idea correcta acerca de mi aborto espontáneo, necesitaba una visión correcta de Dios, su carácter y sus intenciones para mí, lo que me llevó a la siguiente pregunta.

¿Era parte del plan de Dios que yo sufriese la pérdida de mi bebé? ¿Estaba en Su voluntad que esto sucediera? Permíteme decir algo fuerte y claro: ¡Que las mujeres sufran abortos espontáneos no es y nunca será el plan de Dios! El plan de Dios es perfecto. Dios creó a Adán y Eva para vivir en compañía constante con Él en el Jardín del Edén. El jardín era un hogar para ellos que estaba libre de pecado, muerte, celos, dolor, orgullo, enfermedad y lágrimas. Era un lugar de perfecta comunión entre el Creador del universo y Su creación. Este fue el plan, esto es lo que Dios quería compartir con nosotros para siempre. (Nota al margen: ¿Fue una coincidencia que Dios decidiera revelarme esto mientras trabajaba en un jardín? Creo que no).

Desafortunadamente, el plan tomó otro rumbo. Los seres humanos tenemos libre albedrío, y Adán y Eva rompieron la única regla que Dios les había dado, no comer el fruto del Árbol del Conocimiento del Bien y del Mal. Al comer el fruto, ellos eligieron un camino diferente de lo que Dios había planeado. El pecado entró en escena, y todo pecado tiene consecuencias. La consecuencia específica del pecado de Eva demuestra, en mi opinión, una de las luchas más grandes que tenemos que enfrentar como mujeres.

Génesis 3: 16a dice: "A la mujer le dijo: «Multiplicaré tus dolores en el parto, y darás a luz a tus hijos con dolor»." La primera parte de su maldición es que ella tendrá dolor en la maternidad. Mientras crecía, siempre creí que este era el dolor físico en el proceso de parto real, lo cual es cierto. Sin embargo, he llegado a ver esta maldición como un dolor mucho más amplio que todas las mujeres experimentan, tengan o no hijos.

Este dolor puede tomar la forma de frustración por no poder tener hijos, la pena de perder a un hijo antes de que nazca, la carga que llevan algunas mujeres al quitar la vida de su hijo prematuramente en el vientre, o el peso de responsabilidad que viene con traer a otro ser humano a la existencia. Como todas las madres pueden atestiguar, el dolor no termina con el nacimiento, sino que continúa a medida que los niños crecen: dolor cuando se lastiman, dolor cuando eligen no seguir a Dios, dolor cuando rechazan la instrucción y la sabiduría de sus padres. El dolor del nacimiento es solo una de las muchas formas de esta maldición.

Una cosa en la vida que es exclusiva de las mujeres, es la capacidad de tener hijos, viene con un vínculo increíble entre una madre y su hijo. Sin embargo, debido a la maldición del pecado, este vínculo madre-hijo ahora tiene un precio. Este amor por mi hijo, este deseo de tenerlos y esta carga de cuidarlos trae dolor sin importar las circunstancias que rodean su concepción, gestación, nacimiento y más allá. Hemos sido maldecidas como resultado de nuestra propia naturaleza pecaminosa, y esta es nuestra carga que debemos llevar como mujeres.

Desearía poder culpar a Eva por todo esto, pero me conozco y también me hubiera comido la fruta. Cambiamos el plan de Dios por el nuestro, y la muerte es el resultado. Romanos 6:23a dice, "porque la paga del pecado es muerte" (NVI). Todos hemos escogido el pecado, y hemos estado muriendo desde entonces.

¿Pero qué hay de la promesa en Jeremías 29:11? ¿Es esta promesa todavía verdadera? "Porque yo sé muy bien los planes que tengo para ustedes —afirma el Señor—, planes de bienestar y no de calamidad, a fin de darles un futuro y una esperanza" (NVI).

¿Puede Dios todavía tener un buen plan en un mundo caído? Lo que estaba pasando en mi vida no parecía un buen plan. Lo sorprendente de esta promesa, es que Dios se la da a los israelitas cuando son enviados a setenta años de cautiverio en Babilonia. ¡Que momento para cuestionar el plan de Dios! Pero los setenta años son críticos. Los israelitas necesitaron los setenta de esos años para superar su crisis de fe y confiar en lo que Dios había planeado para ellos. Los setenta años son donde se lleva a cabo la obra de santificación para hacer espacio para la redención a seguir. Santiago 1:3-4 dice: "pues ya saben que la prueba de su fe produce constancia. Y la constancia debe llevar a feliz término la obra, para que sean perfectos e íntegros, sin que les falte nada" (NVI).

Dios no promete decirnos su plan, darnos una línea de tiempo para el plan o explicarse a sí mismo en medio de la elaboración del plan en nuestras vidas. ¡Él solo promete que Él tiene un plan, y que es bueno! El plan que tenemos para nosotros mismos no es el mismo que el plan de Dios para nosotros, y su plan es infinitamente mejor. Mientras elegimos el pecado y la muerte en nuestro egoísmo y pecado, Dios tiene un plan de redención.

✌ Cuando experimentas la INESTABILIDAD EMOCIONAL ✍

Cuando experimentas frustración, tristeza, ira y vacío, a Satanás le encanta saltar y ponernos algo de culpa y vergüenza por sentirnos así. Es importante poner un equilibrio. Elige formas saludables para procesar tus emociones, pero también ofrécete gracia cuando actúas en la sabiduría del mundo en lugar de la de Dios. Satanás se esfuerza por mantenernos alejados de Dios al convencernos de que cuando nos acercamos a Dios, Él estará esperándonos con un rayo para derribarnos. Al contrario de lo que Satanás quiere que tú creas, Dios no te está condenando. En cambio, Él ofrece perdón, gracia y dulces misericordias a medida que avanzas a través de la inestabilidad emocional.

Él entiende la profundidad de tu dolor y está presente contigo en él. ¡Él se aflige contigo! En algún momento, podrás salir de la inestabilidad emocional, pero hay un momento cuando el dolor sigue penetrando en todo. Si ese es el caso, no tienes que aguantarlo y seguir adelante. Deja que Dios se siente contigo y simplemente se presente en tu dolor.

La primera pregunta que le hice a mi esposo después de que nos enteramos fue: "¿Qué hacemos ahora?" ¿Cómo seguimos adelante? Puede ser útil recordar las cuatro "R": recordar, registrar, reiniciar y rendirse.

❧ RECORDAR ❧

Si tienes algún recuerdo o evidencia física del embarazo (fotos de ultrasonido, etc.), guárdalos en un lugar especial para volver a verlos cuando sea necesario. Puede ser útil mantenerlos en un lugar especial, para revivir esos momentos mientras estás de duelo. Yo coloque el cuadro sobre la cuna en el cuarto del bebé, y también puse nuestra foto de ultrasonido en la cuna. Cuando necesitaba un momento para llorar, iba al cuarto del bebé y me daba tiempo para sentir el dolor de la pérdida. Déjate experimentar el dolor y permítete tener una liberación emocional. Solo no te quedes ahí. Después de un rato, yo salía del cuarto del bebé, cerraba la puerta y seguía con mi día.

Si te sientes estancada o luchas para seguir adelante, contáctate con alguien. Encuentra a alguien que haya experimentado ese dolor y haya llegado al otro lado. Puede parecer insensible hablar del tema con ellos, ¡pero discutirlo les ayudará a ambas a sanar!

❧ REGISTRAR ❧

Tómate un tiempo para descifrar lo que has perdido. Esto puede parecer simple, pero de hecho, es mucho más complicado de lo que piensas. Este fue nuestro primer hijo, y la lista de pérdidas por lamentarse fue larga. Obviamente, estábamos llorando la muerte de un niño. Fue asombroso lo profundamente que sentimos la pérdida de un niño que nunca habíamos conocido. Se sentía como si un pedazo de nosotros hubiera muerto también. El agujero vacío que quedaba era abrumador.

Es posible que estés sufriendo la pérdida de saber su sexo, su personalidad o cómo se habría visto y todas las primeras experiencias que habrían compartido. Ya sabes, las cosas en las que ya habías pensado en tu mente con cada semana de embarazo: la primera vez que lo cargabas en la sala de parto, los primeros pasos, las primeras palabras, el primer día de clases, aprender a conducir y casarse. Estás lamentando todo esto a la vez.

Pero también puedes estar lamentando mucho más que eso. Para mí, como madre primeriza, tanta esperanza y anticipación estaban envueltas en esa prueba del embarazo que anunció la noticia. Liberando mi "derecho" de ser madre, mis esperanzas para esta nueva vida y los planes que tenía para criarlo eran una pérdida igual de importante. Incluso estaba lamentando la pérdida de mi inocencia ante el dolor.

Una persona que atraviesa el dolor experimenta pérdidas en muchos niveles, y descubrir y nombrar todos los elementos involucrados puede ser muy útil. Use el espacio provisto al final de este capítulo para mantener una lista. Puede llevar meses poner en palabras todas las pérdidas relacionadas con el aborto espontáneo. Te animo a que sigas agregando a la lista todo el tiempo que sea necesario. Es sorprendente la cantidad de sanación que se puede encontrar simplemente al poner en palabras los motivos de las emociones que está experimentando. Cada pérdida en tu lista es legítima. Déjate llorar completamente por cada una de ellas.

A continuación, y esto es muy importante, tómate un tiempo para averiguar lo que has ganado. Mientras experimentas la pérdida en diferentes niveles, también ganarás algunas cosas y encontrarás cosas por las cuales estar agradecida. Asegúrate de hacer una lista de esas cosas también. Hay espacio al final de este capítulo para que registres tus hallazgos.

Como este fue nuestro primer embarazo, nos sentimos agradecidos de saber que podríamos concebir. Estaba más agradecida por la vida en general y no di ese regalo por sentado.

Estaba extremadamente agradecida por mi maravilloso esposo, que había estado conmigo en cada paso del camino, en los días buenos y malos, cuando no estaba segura de si estaba loca o cuerda. Estaba agradecida por la gracia de Dios. Agradecí su paz en la tormenta, aseguré que esto no fue el final, sino un paso en el camino. Tómate el tiempo para apreciar las cosas que de otra forma no habrías notado. Esta lista puede tardar incluso más en componerse que la lista de lo que has perdido. ¡Esta es una lista a la que puedes continuar agregando durante años!

❧ REINICIAR ❧

Cuando estés lista, mira hacia el futuro. Quería volver a embarazarme lo antes posible. ¿Qué mejor manera de recuperarse del dolor que experimentar nuevamente la alegría de la nueva vida? Sin embargo, lleva mucho tiempo recuperarse física, emocional y mentalmente. No te apresures. Saber que volver a quedar embarazada no significa que el aborto espontáneo nunca haya ocurrido. Siempre habrá una parte de nosotras que ama a nuestro hijo y lo extraña. La progresión a la sanación será lenta, unos pasos adelante y otros pasos para atrás, pero vendrá.

RENDIRSE

No te alejes de Dios en la temporada en que más lo necesites. Puede tomar un tiempo llegar a un acuerdo con lo que crees. Por un tiempo largo, evité pasar tiempo leyendo mi Biblia, y mis oraciones vacilaban entre ser profundas y vulnerables a ser superficiales. No cometas el error que cometí al elegir mi propia sabiduría sobre la sabiduría de Dios. Incluso si estás luchando espiritualmente, no excluyas a Aquel que realmente entiende cómo te sientes y que tiene el poder de darte paz en medio de todo esto. Él tiene un buen plan para ti, y te llevará a través de este difícil momento para mostrarte lo que tiene a continuación.

Leer sobre las respuestas que encontré a mis propias preguntas espirituales no va a satisfacer tu deseo de una respuesta de Dios. Tendrás que hacer el difícil trabajo de salir de la crisis de fe a tu propio ritmo y a tu manera, tal como lo hice yo. Tendrás que abrir la Palabra de Dios y permitir que se convierta en algo vivo y activo para ti (Hebreos 4:12). Hasta que Dios no me mostró las respuestas, no estaba preparada para confiar en ellas y estoy segura de que será lo mismo para ti.

Lo Que He Perdido

Lo Que He Ganado

CINCO

HONESTIDAD

"Nunca sabes cuánto realmente crees en algo hasta que su verdad o falsedad se convierta en una cuestión de vida o muerte para ti. Es fácil decir que crees que una cuerda es fuerte y sólida, siempre y cuando solo la estés usando para atar una caja. Pero supongamos que tuvieras que colgar de esa cuerda sobre un precipicio. ¿No descubrirías primero cuánto realmente confías en ella?"

— C. S. Lewis, Un Aflicción Observado

27 de julio de 2014

    Te he estado evitando, Padre. Tal vez porque no sé qué decir o qué preguntas hacer, o tal vez porque realmente no quiero saber las respuestas. Sigo volviendo a la misma pregunta: ¿es realmente Jesús todo lo que necesito? Si mis prioridades son correctas, y soy verdaderamente cristiana, entonces Jesús es todo lo que necesito, y todo lo demás es simplemente extra. Pensé que esto era cierto en mi vida hasta esta pérdida.

    Si nunca puedo tener hijos (lo cual no creo que sea el caso, pero por el simple hecho de conversar), ¿estoy bien con eso porque tengo a Jesús? Si algo le sucede a Nathan o a mi familia, ¿puedo dárselos a Jesús? Si mi trabajo termina, la casa se destruye, se arruina mi reputación, ¿sería Jesús suficiente para mí?

    Esta pregunta: ¿Es Jesús suficiente? ¿Es Él mi todo? No es una pregunta, es la pregunta. La respuesta a esta pregunta es todo. Todo mi propósito, existencia y salvación están envueltos en la respuesta a esta pregunta. Es una pregunta que enfrentaré una y otra vez a medida que cambien las circunstancias de mi vida.

    El problema con esta pregunta es que nunca puedo estar realmente segura de mi respuesta. ¿Por qué? Porque tengo tantas bendiciones que nunca podré llegar al final de ellas y saber que todavía elegiría a Jesús sobre ellas. Incluso Job en la Biblia, que perdió muchas piezas cruciales de su vida, no lo perdió todo. ¿No servimos a un Dios bueno, que nos ha bendecido tan inmensamente que nunca sabremos realmente nuestra respuesta a esta pregunta?

Para finalmente creer que Jesús es suficiente, tuve que obtener una comprensión precisa del carácter de Dios. ¿Quién podría darme una descripción más completa del carácter de Dios que Dios?

> El Señor, el Señor, Dios clemente y compasivo, lento para la ira y grande en amor y fidelidad, que mantiene su amor hasta mil generaciones después, y que perdona la iniquidad, la rebelión y el pecado; pero que no deja sin castigo al culpable, sino que castiga la maldad de los padres en los hijos y en los nietos, hasta la tercera y la cuarta generación."
>
> Éxodo 34:6b-7 (NVI)

Dios es amoroso y justo al mismo tiempo. Él es amable y libre de culpa. Comencé a acercarme a Él con más humildad, buscando este carácter perfectamente equilibrado de Dios trabajando en mi vida.

Esta pregunta de que Dios realmente es suficiente también me hizo pensar en Abraham, el hombre de la Biblia que espera y espera y espera al niño que Dios le ha prometido. Dios finalmente demuestra Su fidelidad con el nacimiento de Isaac, el hijo de Abraham y Sara. ¿Y qué pasa después? Dios le pide a Abraham que sacrifique a su hijo (Génesis 22). Y Abraham se enfrenta a la pregunta: "¿Es Dios suficiente?" Solo ante la orden de Dios de sacrificar a Isaac, Abraham realmente sabe su respuesta a esa pregunta. Su respuesta es un rotundo "¡Sí!" Una vez más, ese no es el final de la historia. Dios envía un ángel para evitar que Abraham siga adelante y proporciona un carnero para sacrificarlo en lugar de Isaac. Dios nunca nos pide que demos algo que Él no esté dispuesto a dar en nuestro lugar. Él demuestra esta verdad con una generosidad inconcebible al enviar a Su Hijo, Jesús, a pagar el precio de la muerte por nuestros pecados.

A la luz de esa verdad, deja que mi respuesta, sin importar las circunstancias, hoy y siempre sea un rotundo "¡Sí!" Y cuando mi corazón luche con la verdad, deja que sea seguido por un: "¡Sí creo!...¡Ayúdame en mi poca fe!" (Marcos 9:24 NVI).

Parece una pregunta tan tonta mientras la escribo … ¡por supuesto que es suficiente! Él es todo: el Alfa, la Omega, mi Salvador, el Mesías, el Redentor, el que me conoce y me ama incondicionalmente de todas formas. Él me dio todo lo que tengo que perder, así que, ¿por qué no debería Dios tener el derecho de tomar o dejar como lo crea conveniente?

Y sin embargo, he estado luchando con esta pregunta durante meses. Supongo que realmente no puedes saber lo que puedes o no puedes dejar hasta que sea hora de dejarlo, y estoy cansada de aferrarme a esto.

Padre, lamento la forma en que he estado manejando la situación, apartándote de mi en lugar de correr hacia ti. Después de todo, ¡soy TU hija! ¿No lloras conmigo y lloras mientras lloro? Lamento haberte hecho responsable, por no haberte dado "permiso" para hacer lo que quieras con lo que es tuyo y por verme a mí misma como una víctima.

Padre, ayuda a liberarme de estos patrones de pensamiento y reemplaza las mentiras con la verdad y las promesas de tu Palabra.

- Tienes un plan para mi vida.
- Tu plan es mejor que el que me había imaginado.
- Usarás esta situación para tu bien.
- Nunca te alejas de mi lado y te preocupas por mí.
- Tu tiempo es perfecto.
- Tus caminos son más altos que mis caminos y tus pensamientos más altos que mis pensamientos.
- Eres mi refugio en las dificultades.

Escribí esta lista de promesas, la imprimí y la guardé en mi bolso. La leí todos los días durante mucho, mucho tiempo. Sabía que estas cosas eran ciertas en mi cabeza, pero muchas veces mi corazón estaba lejos de creerlas. Al final de este capítulo, encontrarás una lista de verdades para leer todos los días cuando necesites un recordatorio. También puedes usarla como un esquema para la oración, y hay un espacio para que agregues tus propios recordatorios de las verdades de Dios que son específicas de tu historia.

Perdóname por mi frustración y mi falta de fe en los últimos meses. Desde el aborto espontáneo, mi período ha sido irregular, he sangrado durante semanas seguidas y solo se detiene por una semana como máximo antes de comenzar de nuevo. El médico me dijo que comience a tomar la píldora anticonceptiva durante un mes para ayudar a regular mis niveles hormonales.

Esto me hizo sentir particularmente frustrada. Quería gritar con la sugerencia del médico de tomar anticonceptivos: "¿Te das cuenta de que estamos tratando de quedar embarazados, verdad?" Pero, sorprendentemente, esto terminó siendo muy útil para que mi cuerpo vuelva a la normalidad.

Padre, ayúdame a ser paciente, a descansar en ti mientras espero en tu tiempo. Entonces, dejo este deseo nuevamente en tus manos, como lo he hecho tantas veces y continuaré haciéndolo. ¡Acércate a mí!

Me había vuelto dependiente de mi dolor. Tenía miedo de comenzar a sentir alegría nuevamente porque también sentía culpa de que de alguna manera me estaba olvidando de mi bebé. ¡Qué mentira de Satanás! Una vez que decidí que estaba lista para entregar mis planes a Dios y confiar en su control, comencé a experimentar la sanación.

> " Queremos evitar el sufrimiento, la muerte, el pecado, las cenizas. Pero vivimos en un mundo aplastado, roto y desgarrado, un mundo que Dios mismo visitó para redimir. Recibimos su vida derramada, y al permitirnos el alto privilegio de sufrir con Él, podemos derramarnos por los demás. "
> - *Elisabeth Elliot*

Como una persona que procesa mejor sus pensamientos cuando los escribe en una hoja de papel, había hecho muy poco de esto hasta este momento. Pero una vez que se produjo este cambio en mi perspectiva, ya no pude contener las palabras por más tiempo.

Una noche de agosto, me desperté en medio de la noche, y todas las palabras, que habían estado tan confusas en mi mente, estaban perfectamente ordenadas y listas para salir. Me levanté, me senté en la oscuridad con mi computadora portátil y escribí el resumen de todo lo que había estado pensando y sintiendo. Fue una efusión del corazón. No estaba segura de cuál sería el propósito de registrarlas, además de finalmente poder dar un reconocimiento escrito de las circunstancias por las que había estado pasando. Decidí publicarlo en mi blog, que hasta este momento se había dedicado exclusivamente a la granja.

La reacción fue inmediata y completamente inesperada: la publicación fue compartida, comentada y compartida. Muchos de mis conocidos estaban descubriendo por primera vez que había tenido un aborto espontáneo. Una revista local lo tomó y lo publicó.

Y luego comenzaron los mensajes. Muchas mujeres se acercaron a mí, mujeres que se sentían de la misma manera, experimentaban las mismas circunstancias, luchaban con las mismas preguntas. Cuando me agradecieron por compartir y expresaron cuánto mis palabras les habían ayudado, comencé a ver el primer fragmento de un resultado positivo de la pérdida que había experimentado. Me sentí humilde y abrumada por el torrente de gratitud de tantas madres que luchaban de la misma manera.

Una vez que me abrí a los demás, me encontré abriéndome también más honestamente con Dios. Con una nueva humildad en la presencia de Dios, me vi obligada a hacer un inventario más detallado de mi vida.

El Espíritu Santo comenzó a señalar suavemente algunos de los ídolos que tenía en mi vida. Al apartarme de Dios durante mi

¿Sabías?

Las granadas son uno de los siete alimentos que los espías trajeron de la Tierra Prometida como ejemplo de la fidelidad y provisión de Dios (Deut. 8: 8).

dolor, inconscientemente me volví hacia otras cosas. No adoraba a un solo ídolo, sino a muchos: pasatiempos, trabajo, familia y actividades que desperdician el tiempo, como las redes sociales. Sin embargo, el ídolo más consistente y reciente de todos era el querer tener un bebé. En un día cualquiera, ese deseo consumía fácilmente más de mis pensamientos que Cristo.

La Biblia deja en claro que Dios es un Dios celoso con un requisito, que Él sea el primero (Ex. 34:14). Siempre. En lugar de buscar a Dios por quien Él es, lo había estado buscando por lo que podía darme. Con todo el dolor de mi corazón acerca de mis acciones, estaba tratando de usarlo para tener un bebé. Cuando me di cuenta de esto, ¡me avergoncé! ¿Realmente había creído que Dios no podía ver mi intento oculto de obtener lo que yo quería? Necesitaba enderezar mis prioridades para ser la mujer que Cristo deseaba que yo fuera.

Si bien quería un bebé, no quería un Dios que alimentara mi autoabsorción o que perdonara mi incapacidad para concentrarme en Su voluntad. Si bien no hice nada para causar mi aborto espontáneo, me di cuenta de que, en la forma en que había respondido a mi pérdida, tenía cosas por las que lamentarme. Tenía actitudes que necesitaba confesar. Tenía la responsabilidad de tener cuidado de abordar este tema con la perspectiva de Dios y una visión correcta de Él. Si bien quería desesperadamente argumentar que estaba justificada en mi respuesta como una sobreviviente de la pérdida del embarazo, me di cuenta de que aferrarme a esa postura no me ayudaría a seguir adelante. Por un

> **¿Sabías?**
> Se dice que la parte superior de la granada, o cáliz, es la inspiración utilizada para diseñar la corona del Rey Salomón.

momento, me despoje de la culpa, la duda, la vergüenza, el orgullo y la pena por los que estaba pasando para poder ser real y auténtica con Dios. A medida que iba colocando a Dios en el lugar correcto, finalmente mi tiempo de confesión llegó.

03 de octubre de 2014

Lamento haber puesto otras cosas delante de ti, Dios. Confieso que he puesto mi propia voluntad sobre la tuya a riesgo de Tu reino. Lamento haber cuestionado Tu amor, haber tenido la tentación de culparte cuando la verdadera pecadora soy yo misma, y de no reconocer que la última culpa es de Satanás por su tentación en el jardín. ¡Satanás está lleno de trucos y busca engañarnos para que Te culpemos por su trabajo!

Confieso que he querido que mi gran fe y mis propios sueños fueran una respuesta y solución al problema, en lugar de tener fe en Ti y en Tu voluntad, que están trabajando todas las cosas para bien. Me humillo y me someto a Tu voluntad. Perdóname.

Dame paciencia. Dame fuerza. Dame una mente y un espíritu renovados. Pero, sobre todo, dame en primer lugar un deseo para Ti. ¡Porque estás haciendo todas las cosas nuevas!

   Mi perspectiva defectuosa dio paso a una fe renovada. Al menos por un tiempo.

⁕ Cuando experimentes HONESTIDAD ⁕

Cuando finalmente llegas al lugar donde estás lista para enfrentar las preguntas profundas que acechan en los lugares oscuros de tu corazón y tu mente, ¡es una gran señal! ¡Es hora de buscar respuestas! En la medida de lo posible, deja de lado el dolor, la censura, la culpa y todo el resto de esas emociones y busca verdaderamente la sabiduría de Dios en la Biblia.

Aquellos que finalmente llegan al final de sí mismos, recurren a la sabiduría de Dios y se rinden honestamente y con vulnerabilidad ante Él, encontrarán la verdad, la sanación y la redención. Solo cuando finalmente lleguemos al punto de ser verdaderamente honestos con nosotros mismos y con Dios, podemos comenzar a redimir lo que se perdió. Él puede revelarse y demostrar su carácter en nuestras vidas.

Es posible que hayas tenido algunas de las mismas preguntas que yo, pero también puede que tengas muchas más, dependiendo de tus circunstancias. Usa el espacio provisto al final de este capítulo para escribir tus preguntas y las referencias y respuestas de las Escrituras que vayas descubriendo.

Dios no teme a tus preguntas. Él es el principio y el fin, y es más que capaz de satisfacer tu anhelo de comprensión. Pero permíteme también interponer un descargo de responsabilidad rápido: el hecho de que Dios sea capaz de responder, no significa que esté obligado a dar respuestas cómo y cuándo las exigimos. Me temo que exigir respuestas no dará lugar a mucha revelación. Sin embargo, ¿recuerdas ese versículo acerca de que Dios tiene buenos planes para nosotros? Leamos en contexto y veamos una de las promesas más reconfortantes de Dios.

> Así dice el Señor: «Cuando a Babilonia se le hayan cumplido los setenta años, yo los visitaré; y haré honor a mi promesa en favor de ustedes, y los haré volver a este lugar. Porque yo sé muy bien los planes que tengo para ustedes —afirma el Señor—, planes de bienestar y no de calamidad, a fin de darles un futuro y una esperanza. Entonces ustedes me invocarán, y vendrán a suplicarme, y yo los escucharé. Me buscarán y me encontrarán cuando me busquen de todo corazón. Me dejaré encontrar —afirma el Señor—, y los haré volver del cautiverio. Yo los reuniré de todas las naciones y de todos los lugares adonde los haya dispersado, y los haré volver al lugar del cual los deporté», afirma el Señor.
>
> Jeremías 29:10-14 (NVI)

La promesa es que cuando buscas a Dios con todo tu corazón, deseando sinceramente conocerlo y conocer Su voluntad, encontrarás la respuesta que satisfaga tu alma. Revelación: ¡Él es la respuesta! ¡En nuestro proceso de búsqueda de respuestas, lo encontraremos! Él no está tratando de esconderse de nosotros. ¡Él quiere que lo encontremos! Él quiere que veamos nuestro dolor desde su perspectiva eterna. Él quiere que descansemos en su paz, que está más allá de nuestro entendimiento terrenal. Él quiere que seamos inundados por la seguridad de su gran amor. ¡Esta es la parte en la que comenzamos a enamorarnos de Él nuevamente! Él ha estado esperando expectante este momento.

Piensa en Job, quien continuamente le hacía preguntas a Dios con honestidad a lo largo de su dolor y pérdida. Cuando Dios finalmente aparece con una respuesta, no es para explicarse o proporcionar el razonamiento detrás de las circunstancias. Es para declarar su soberanía y carácter (Job 38-41). Él no da una respuesta; Él es la respuesta.

Ya ves, tragedia y triunfo van de la mano. Cuando superamos el dolor con el amor de Cristo, cuando aceptamos el dolor, sabiendo que Dios nos guiará a través del valle de sombra de muerte hacia el otro lado (Salmo 23: 4), hay una promesa para aquellos que son fieles. Esta promesa no es que nuestros sueños se hagan realidad, como muchas veces queremos creer, y no es se haga nuestra voluntad por encima de todo. Es que conoceremos a Dios, que Su voluntad se hará en nosotros y que Él será glorificado.

Cuando NO experimentas HONESTIDAD

Todos atraviesan a su propio ritmo por el proceso de duelo. Cada persona que toma este libro, está leyéndolo desde un lugar único en su camino por el dolor. La línea de tiempo es diferente para todos, y te animo a que te tomes tu tiempo trabajando en las diferentes estaciones. Correr a través del proceso dificultará su finalización.

Si estás leyendo y te das cuenta de que aún no estás en la etapa de honestidad y aún estás experimentando inestabilidad emocional, entonces no te sientas presionada a seguir leyendo este libro hasta que estés lista. Me tomó mucho tiempo llegar al punto de la honestidad, pero no estaba abierta a lo que Dios me tenía que decir hasta que hice ese cambio en mi perspectiva. No quiero que leas las siguientes secciones y escuches un mensaje de culpa, vergüenza o condenación, sino uno de vida, esperanza y redención.

Permítanme decir también que no hubo un día específico en que de repente saliera de la inestabilidad emocional y entré en la honestidad. Fue una lucha constante de ida y vuelta, día tras día (como verán en el próximo capítulo). Si todavía no estás lista para ser completamente honesta contigo misma, no hay vergüenza en eso. Vuelve cuando estés. Te esperaré aquí, no importa cuánto tiempo tardes.

Verdades para Leer Todos los Días

Dios está conmigo. (Is. 41:10)
- El Espíritu Santo mora dentro de mí. (Juan 14:16)
- Dios está presente en mi dolor. (Is. 57:15)

Dios tiene el tiempo en sus manos. (Ecl. 3:11)
- Él sabe la hora correcta de todas las cosas. (Salmo 31:15)
- Él sabe si tendré hijos y cuándo. (Jer. 29:11)

Dios me creó a su imagen. (Génesis 1:27)
- Él conoce mi cuerpo y no está limitado por ningún problema que tenga. (Mateo 10:30)
- No estoy rota, soy una creación admirable Tus obras son maravillosas. (Salmo 139: 14)

Dios tiene un plan bueno y perfecto para mí. (Rom. 12:2)
- Estoy donde estoy ahora por una razón. (Ec. 3:1-8)
- Él me ha creado con el propósito de glorificarlo. (1 Crónicas 16: 9-10)

Dios comparte mi dolor. (Salmo 147:3)
- Él me ama tanto que sacrificó a Su Hijo por mí. (Juan 3:16)
- Llora conmigo y registra mi llanto en Su libro. (Salmo 56:8)

Dios me ha bendecido increíblemente. (Santiago 1:17)
- Puedo concentrarme en lo que tengo en lugar de lo que no tengo. (1 Tes. 5:18)
- Dios puede usar esta pérdida para bien. (Génesis 50:20)

Él usará incluso esta pérdida para mostrar su gloria a tiempo. (Juan 9:3)
- Dios está en la obra de restauración. (Isaías 43:19)
- Está redimiendo cada pérdida y haciendo nuevas todas las cosas. (Apocalipsis 21:5)

Mis Preguntas y las Respuestas de Dios

Mis Preguntas y las Respuestas de Dios

SEIS

IMPACIENCIA

"¿Hasta cuándo, Señor, me seguirás olvidando? ¿Hasta cuándo esconderás de mí tu rostro? ¿Hasta cuándo he de estar angustiado y he de sufrir cada día en mi corazón?"

— Salmos 13:1-2a (NVI)

¡Oh! ¡Dios me estaba enseñando tantas cosas! Seguramente, con esta nueva perspectiva bíblica, podría liberarme de todos los enredos emocionales del aborto espontáneo, ¿verdad? ¡Puedo racionalizar las Escrituras para salir del dolor! Incorrecto. El duelo es un proceso. Dos pasos adelante, un paso atrás.

A principios de octubre, participé en una caminata en honor a los bebés perdidos. Un amiga de la iglesia, quien había lidiado con la infertilidad durante años antes de adoptar un hijo y luego tener dos hijos más, se enteró del evento y se ofreció a acompañarme. No estaba realmente segura de qué esperar, pero decidí inscribirme e ir.

Fui sola, planeando encontrarme con mi amiga allí. Yo era un desastre emocional (sí, aún). La pena parecía venir en oleadas. Me iría bien por un tiempo, y luego algo, incluso lo más pequeño, causaría que el dolor y la emoción reaparecieran. Este fue uno de esos días.

Llegué al evento, sorprendida de ver que el parque estaba lleno de familias. No me había dado cuenta de que era un evento familiar. De repente, quería desesperadamente que Nathan estuviera aquí conmigo y me sentí muy sola. Recuerdo estar sentada al borde de una fuente en medio del parque al borde de las lágrimas.

Incluso cuando estaba rodeada de mujeres que conocían mi dolor, sentí que cada persona allí podía ver directamente a través de mí y dentro de mi matriz vacía. Quería desaparecer en ese momento. Quería que alguien me envolviera en sus brazos y uniera todas las piezas rotas. No quería tener una razón para estar allí.

Quiero que recuerdes este lugar en la fuente, porque esta no es la última vez que me sentaré allí. Nuestro Dios es el Redentor, y ese día me vio sentada en la fuente. Y ya Él estaba planeando redimir este momento años después.

El evento estuvo muy bien hecho. Los organizadores reunieron a todos y leyeron los nombres de todos los bebés representados ese día y las fechas de la pérdida, incluido 'Bebé Greneaux'. Luego, cada persona recibió un globo para representar a su hijo y dio un paseo silencioso por el lago antes de que todos juntos soltaran los globos.

Escuchar todos los nombres leídos en voz alta me hizo sentir agradecida. Muchos de los niños tenían nombres, lo que significaba que los habían perdido mucho más tarde en el embarazo que el mío, después de que se pudo conocer el sexo del bebé. Algunos tenían cumpleaños, lo que significaba que habían muerto cuando eran bebés u horas después de un parto prematuro. Algunas familias habían experimentado múltiples pérdidas. También fue alentador que muchas de las familias tuvieran hijos con ellos, una señal de esperanza para aquellas de nosotras que no teníamos hijos.

Más tarde, en octubre, Nathan y yo hicimos el viaje a China que habíamos reservado el día del devastador ultrasonido. No pude evitar sentirme un poco decepcionada porque todavía no estaba embarazada, y el viaje, que pensé que seguramente se vería interrumpido por la concepción de un nuevo bebé, estaba ocurriendo sin inhibiciones. Por otro lado, estoy muy contenta de que hayamos hecho ese viaje. Fue una experiencia increíble ver junto a mi esposo tanto de China, y por primera vez en mucho tiempo, comencé a sentirme un poco más liviana.

Pasó más tiempo, y antes de darme cuenta, la futura fecha de parto de nuestro bebé estaba a la vuelta de la esquina.

5 de diciembre de 2014

Quité la cuna hoy. Sí, la cuna ha estado todo este tiempo como un símbolo de esperanza y fe de que pronto podría quedar embarazada otra vez. Pero es hora de aceptar la realidad. A medida que se acerca la que hubiese sido fecha de nacimiento de nuestro bebé, sabía que era hora de aceptar la verdad. No estoy embarazada, y podría pasar mucho tiempo antes de que esto suceda. Sin embargo, si hoy yo tuviese que tener un bebé, entonces lo tendría, así que obviamente Dios me tiene en el lugar y en el tiempo donde quiere que esté. Y estoy aprendiendo a descansar en esa verdad.

Cuando llegó la fecha de nacimiento, Nathan sugirió que reserváramos otro viaje, esta vez en Mayo a Irlanda. En los siguientes meses, continuamos tratando de tener un bebé. Esta temporada fue una tortura. Todos los meses me hacía ilusiones solo para decepcionarme una y otra vez. Comencé a preguntarme si alguna vez volveríamos a quedar embarazados. Las amigas que quedaron embarazadas después de que tuve el aborto espontáneo ahora tenían bebés en sus brazos, pero yo todavía no estaba esperando. Si bien finalmente había lidiado con la pérdida relacionada con el aborto espontáneo, ahora estaba lidiando con el dolor de esperar otra oportunidad para volver a intentarlo.

¡Pensé que había llegado tan lejos! Había crecido espiritualmente a pasos agigantados. Mi salud emocional definitivamente había mejorado. Pensé que el crecimiento que había experimentado me ayudaría a enfrentar las cosas de manera más saludable. Muchas veces así sucedía, pero ese no fue siempre el caso.

Todavía tenía luchas con el tema de bebés en general. Los bebés son dulces y adorables, y yo quería tener uno más que nada, ¡pero como lograban ellos enojarme! No me sucedía todos los días, pero sí habían días en los que realmente no me gustaban las personas que tenían un bebé. Me molestaba tanto cuando alguien se quejaba de sus hijos. O decía que tenía la suerte de no tener ninguno. O quedar embarazada sin intentarlo. O ... bueno, ya tienes la idea. Nadie hizo estas cosas para molestarme intencionalmente, pero fue un desafío no tomar todo como algo personal.

Algunos días me despertaba y todo parecía genial. Tenía un propósito. Si nunca tuviera un bebé, sabía que estaría bien. Podría tener semanas de estos días buenos, e incluso meses.

Pero tarde o temprano me despertaba un día y no me sentía bien. Había esperado y esperado. Estaba haciendo todo bien. La vida no era justa. Me desanimaba. El bebé de mi amiga que nació mucho después de que empecé a intentarlo estaba celebrando su primer cumpleaños, o el segundo. ¡No podía estar así un día más! ¡Algo tiene que ceder!

Algo cedió. Afortunadamente, lo que cedió fue mi actitud egoísta. Después de algunos días malos, me despertaba una mañana y me daba cuenta de que era otro buen día, y que estaba bien con la vida tal como estaban las cosas. Probablemente hubiera ayudado a mi esposo si hubiera algún tipo de medidor para mostrarle en qué día estaba, ¡pero intenté mantenerlo lo más actualizado posible!

Si bien había estado experimentando una falta de motivación durante la fase de depresión del duelo, ahora estaba recuperando mi actitud habitual orientada a objetivos. ¿Y qué mejor objetivo que descubrir cómo tener un bebé? Si hubiera una manera de resolver el problema del embarazo a través de la lógica, la investigación, la ciencia o la creatividad simple, ¡la encontraría!

A medida que continuaron los meses de espera sin pasar nada, me impacienté con el tiempo de Dios. Fue muy tentador levantar el teléfono o la computadora, decidida a encontrar las respuestas, buscando la dieta, el ejercicio o el

> **¿Sabías?**
> Las partes superiores de las columnas en el templo de Salomón fueron grabadas con imágenes de granadas.

consejo adecuado que resolviera todos mis problemas. Un carácter persistente e independiente me había servido bien en muchas áreas de la vida.

Sin embargo, usarlo para forzar mi voluntad y exigir respuestas en esta temporada no lo hizo. La aflicción no era un problema que yo debía arreglar o sobrellevar; sino era una temporada que Dios estaba usando para moldearme y moldearme para ser más como Cristo. Después de todo, ¿quién experimentó el dolor al máximo más que nuestro Salvador?

Recuerdas la historia del alfarero y el barro en Jeremías 18 en la que Dios, representado como un alfarero, ejerce su derecho a crear el barro en cualquier objeto y propósito que considere conveniente. Solo hay una forma de que una buena creación se convierta en una mejor. Debe ser completamente destruída en un trozo de arcilla sin forma, arrojado violentamente sobre la rueda una vez más, y luego ser cuidadosamente formado en la hermosa obra maestra que el artista tiene en mente. El proceso en mi propia vida fue doloroso y fue difícil no centrarme en la pérdida, porque no podía ver el resultado final que Dios tenía en mente. Pero el proceso de transformación del dolor era la única forma en que podía convertirme en lo que Dios quería que fuera.

Me parecía mucho a Abraham en el Antiguo Testamento. Dios le promete innumerables descendientes, pero cuando el cumplimiento de esa promesa parece imposible, Abraham toma el asunto en sus propias manos. Él duerme con su sirvienta y tiene un hijo a través de ella en un intento de continuar con su línea familiar (Génesis 16). Tomar la iniciativa parece un rasgo de carácter positivo, a menos que se use para forzar nuestra versión de lo que creemos que debería ser la voluntad de Dios, en lugar de esperar su tiempo. Si hubiera podido hacer algo para hacer mi voluntad, lo habría intentado.

    Comencé a anotar cuidadosamente mis ciclos menstruales en mi calendario. Hay mucho que hacer para llevar una trayectoria de los ciclos menstruales. Creé mi propio sistema para mantenerme al día con todos los síntomas: los círculos significaban una cosa, los cuadrados otra cosa y las líneas otra cosa, sin mencionar los diagramas y los números. ¡Estaba empezando a parecerse a una pintura de Pollock!

    Si no podía dormir por la noche, me ponía a buscar en la computadora foros de "tratando de concebir" durante horas, buscaba cualquier consejo o información que pudiera desbloquear mi potencial de fertilidad. ¡Aprendí rápidamente un idioma completamente nuevo compuesto de tantos acrónimos que me dio vueltas la cabeza! Cualquier TDC que use KPO para detectar O va a debatir si usa la POD o cuántos DDO debe esperar para usar un TEC hasta que llegue EP. Si no estás segura de lo que eso significa, no te preocupes, no te pierdes de nada. No es sorprendente que leer foros no me dejara embarazada. Además, la mayoría de los comentarios fueron solo demasiada información.

    Cuando ninguno de mis esfuerzos resultó en una prueba de embarazo positiva, tuve que aprender a sobrellevar la espera. Tuve que llenar el tiempo con algo. Mientras tanto, todos me decían que una vez que dejara de pensar en eso, quedaría embarazada. En primer lugar, esa lógica no tiene sentido. En segundo lugar, quedar embarazada era absolutamente todo en lo que podía pensar, por lo que esa no era realmente una opción. Al mismo tiempo, sabía que si no podía volver intencionalmente mis pensamientos a otras actividades, me volvería loca. Así que decidí tomar algunos pasos para proteger mi mente, mi alma, y mi frágil corazón en esta temporada de espera.

Comencé limitando estrictamente el uso de redes sociales. Facebook no era mi amigo. Todas esas fotos de bebés, bebés en el vientre y anuncios de embarazo no fomentaron una perspectiva positiva en lo absoluto. Tuve que resistir el impulso de agregar cosas de bebé a mi tablero secreto de Pinterest. Marcar artículos sobre cómo hacer mi propia comida para bebés y ese cuarto de bebé con colores neutros súper bonito, me hacía envidiar lo que otros tenían.

Tuve que obligarme a dejar Google. Si bien sabía que no había una posición secreta, comida, vitaminas, suplementos, fase de la luna… que mágicamente me dejara embarazada, fue muy tentador mirar de todos modos. La mayoría de los foros ofrecían esperanzas falsas con un millón de escenarios extraños que estoy segura de que no eran verdaderos. Tuve que luchar contra el impulso constante de investigar y encontrar la respuesta que hiciera realidad todos mis sueños de embarazo.

Detengámonos por un momento y exploremos ese impulso, porque es bueno para mí estar informada, ¿verdad? Bueno, depende de mi motivación. La información es buena, pero cuando estaba siendo honesta conmigo misma, me di cuenta de que lo que realmente estaba haciendo era tratar de forzar mi voluntad nuevamente. ¿Era Dios capaz de darme un bebé sin importar las circunstancias? Sí. Todo es posible con Dios (Mateo 19:26). Entonces, si realmente creyera eso, ¿estaría buscando obsesivamente una solución rápida, en lugar de esperar su tiempo? No.

Tuve que detener los debates internos. Sabes de cuáles estoy hablando. Cada pequeño cambio en mi cuerpo de mes a mes parecía ser una señal. ¡Ir al baño en medio de la noche, cambios en mi piel o sentirme malhumorada podría significar que estaba embarazada! Intentaba no pensar en eso, porque no quería emocionarme demasiado solo para decepcionarme otra vez. Entonces, de nuevo, todas las señales apuntaban a lo mismo otra vez. ¡Este podría ser el mes! Pero, ¿y si realmente no fuera nada? Que sentido tenía pasar dos semanas pensando en esto hasta poder hacerme la prueba de embarazo. ¡Dos semanas! ¡Qué tortura! Basta de esta locura. El saber si estaba embarazada o no, en el momento que sucediese, no cambiaría los hechos. Por eso, yo debía intencionalmente volver mi foco a otras cosas y ser paciente.

Todas mis emociones en el período de espera parecían estar en el mismo ciclo que mi cuerpo cada veintiocho días: ansiedad, esperanza, espera y desilusión continuamente en repetición. Mes tras mes. Otro fracaso. Otra prueba de embarazo negativa. Cada mes era fácil desmoronarse con la decepción. Finalmente decidí usar un método diferente para medir el tiempo. Esperaría hasta terminarme la botella de vitaminas prenatales. Me esperaría durante cien días hasta tomar la última vitamina, y entonces tendría un día en donde me desmoronaría. Realmente era solo un juego mental, pero encontrar algo a largo plazo para usar como cronómetro realmente me ayudó a tener una perspectiva más positiva durante la espera.

Soy una planificadora, lo que significa que generalmente tengo todo tipo de proyectos alineados. Cuando intentaba concebir, era difícil no basar todas las decisiones sobre planes futuros en torno a posibles fechas de nacimiento. El proceso de pensamiento sería más o menos así: '¿Quiero enseñar una clase de baile? Bueno, si quedo embarazada mañana, tendré 4 meses de embarazo al final. ¿Puedo enseñar danza mientras estoy embarazada de 4 meses?' Hay tantas cosas que dije 'sí' durante mi temporada de espera que mi calendario esperanzador me hubiera dicho que rechazara. Estoy muy contenta de no haberme perdido esas experiencias. Mi esposo constantemente me animaba a crear planes, hacer viajes y hacer compromisos.

Mantenerme ocupada también me ayudó a no pensar en lo que me faltaba. Permanecer presente en mis circunstancias sin hijos fue difícil. ¡Yo quería un bebé! Quería el baby shower, el cuarto bonito del bebé y la vida de ser mamá. Pero esa no era mi vida en ese momento. Tuve que luchar contra el impulso de mirar el pasillo de bebés en Target o comprar esa linda ropa de bebé que estaba en liquidación. Habría un día y un tiempo para todo eso, pero ahora no era el día. Ese día no tenía hijos. Así que tuve que hacer algo que solo podía hacerse ese día. Traté de concentrarme en lo que sucedía a mi alrededor en ese momento y dejar que el futuro llegara por si mismo.

En mi experiencia, la parte más difícil del período de espera fue simplemente no saber cuánto duraría. Si supiera que sería un año, o diez años, entonces podría esperar pacientemente, sabiendo que habría un final a la vista. Incluso si nunca tuviéramos un bebé, saber eso hubiera sido útil, porque habríamos sabido seguir adelante con nuestras vidas. Pero esperar con un futuro incierto hizo que la demora pareciera insoportable.

Comencé a experimentar una especie de crisis de identidad. ¿Para qué estoy aquí? ¿Cuál es la mejor manera de usar mi tiempo mientras espero? ¿Hay alguna razón por la que todavía no tengo hijos? ¿Hay algo que se supone que debo hacer primero? ¿Ya hay un niño por ahí que se supone que debo adoptar? ¿Hay algo mal conmigo? ¿Estoy quebrada? ¿Soy inadecuada? ¿Se supone que no voy a tener hijos? ¿O es todo esto sin propósito y así son las cosas? ¿Estoy de acuerdo con la posibilidad de que nunca seré madre? ¿Cuánto tiempo más debo esperar? ¿Hay alguna lección que se supone que debo aprender en esta temporada? Si es así, ¿puedo aprenderla para seguir adelante? No tenía las respuestas. Todo lo que tenía eran preguntas. Muchas preguntas.

Comencé mi búsqueda de respuestas buscando en Google. ¡Pensarías que ya ya sabría mejor para ahora! Pero no. Aprendo por las malas. Cuando busqué en Google "Versículos bíblicos sobre infertilidad y aborto espontáneo", recibí dos páginas de promesas hermosas que "sabemos que Dios dispone todas las cosas para el bien de quienes lo aman" (Rom. 8:28 NVI), y "—El año que viene, por esta fecha, estarás cargando a un hijo." (2 Reyes 4:16 NVI), y "que te bendeciré en gran manera, y que multiplicaré tu descendencia como las estrellas del cielo y como la arena del mar" (Génesis 22:17 NIV). Si estos versículos estaban destinados a consolarme como una mujer herida, fracasaron miserablemente. Solo me hicieron preguntar más por qué estas promesas no se hicieron realidad en mi propia vida.

Quería desesperadamente agarrarme de estas profecías y envolverlas a mi alrededor como una manta cálida y suave, y fingir que estaban hechas para mí. Quería tomar la promesa que Dios le dió a Ana, quien da a luz a Samuel después de años de infertilidad, y reclamarla como mía (1 Sam. 1). Pero no quería tener que darme la vuelta y devolverle a mi tan esperado hijo a Dios, como lo hace Ana. Quería tomar el pacto que Dios hizo con Abraham y Sara para darles innumerables descendientes y pretender que fue un pacto conmigo (Génesis 15-21). Pero no quería esperar hasta los noventa años para finalmente dar a luz, como lo hace Sara. Quería dar a luz a niños que se convirtieron en grandes hombres y mujeres de fe, como lo hizo Raquel con José (Génesis 30). Pero no quería ver a las mujeres a mi alrededor dar a luz un hijo tras otro mientras que yo le suplicaba a Dios por un hijo, como lo hizo Raquel.

Quería que Dios escribiera la misma historia en mi vida como la que Él había escrito en la vida de tantas otras mujeres a lo largo de la Biblia. Me aferré a estas historias redentoras y quería los finales felices, pero pasé por alto los años de lucha, dolor, confusión y fe infructuosa que estas mujeres soportaron antes de ver cumplidas las promesas de Dios.

Eventualmente tuve que enfrentar la verdad honesta de que Dios no me había dado tal promesa. Ningún ángel me había anunciado que tendría un hijo. Ningún profeta me había dicho que tendría un hijo en mis brazos dentro de un año. No tenía un pacto con Dios de que innumerables descendientes existirían en mi futuro. Tenía que aceptar que no estaba destinada a saber las respuestas, ni podía manejar todas las respuestas. Algunas cosas en el plan de Dios siempre serán misteriosas porque, bueno, Él es Dios. Tuve que aceptar el hecho de que Dios estaba escribiendo una historia única solo para mí. Se vería diferente de todo lo que había hecho antes o volvería a hacer.

Entonces, si las promesas a esas mujeres en la Biblia no son para nosotras, ¿por qué tenemos todas estas historias? ¿Por qué podemos escuchar todas las formas en que Dios obra en la vida de otras personas, si no podemos reclamar esos mismos resultados en la nuestra? Mientras recorría estas historias para consolarme, descubrí que si bien las promesas específicas pueden no ser las mismas, el Dios que las hace es el mismo.

En cada historia, descubrí una nueva pieza del carácter de Dios. Si bien sus planes para cada una de nuestras vidas son diferentes, su carácter es inmutable. En la historia de Sara, Él es el Dios que cumple sus promesas. En la historia de Ana, Él es bondadoso.

En Raquel, Él es soberano. Dejé de aferrarme a estos ejemplos, mostrándoselos a Dios y esperando que las cosas se hicieran a mi manera. En cambio, comencé a enamorarme del Dios quien cuidadosamente va entretejiendo la redención historia tras historia. Dejé de saltar hacia el final y vi a Dios consolar, crecer y guiar a estas mujeres en sus dudas, confusión, impaciencia y frustración.

Pude ver detrás de escena cómo Dios estaba poniendo en marcha un buen plan en cada una de sus vidas, incluso cuando no podían verlo. Soy testigo de cómo Dios trabaja fuera de las limitaciones de tiempo lineales que limitan nuestras perspectivas. Pude ver todas sus historias ya redimidas y completas, tal como lo hace Dios. ¿Era realmente posible que el Dios que escribió estas increíbles historias también escribiera la mía?

Al analizar todo el alcance de la narración, me di cuenta de algo profundo: finalmente tener un hijo no es lo que hace que la vida de estas mujeres sea más satisfactoria o permite que tenga lugar la redención de Dios. La restauración es posible gracias a su fe; a través del proceso de liberar sus esperanzas y sueños al Señor para que Él haga Su voluntad, sin importar el resultado final. Estaban dejando que la voluntad de Dios se mostrará en ellas, a expensas de sus propios deseos. Lentamente, comencé a creer que también podía confiar en Dios con mi vida y mis deseos.

༄ Cuando experimentas IMPACIENCIA ༄

Era fácil desanimarse cuando miraba a otras mujeres con sus bebés y yo sin ninguno. Sin embargo, si hiciera una lista de todas las cosas maravillosas con las que había sido bendecida mientras era completamente indigna, podría llenar un libro. En lugar de poner mi atención en lo que no tenía, ¡tuve que hacer un esfuerzo intencional para agradecer las muchas bendiciones que tuve en la vida! Puedes usar el espacio provisto al final de este capítulo para crear tu propia lista de gratitud. Te recomiendo hacer esto para ayudarte a mantener tu espera en perspectiva.

Independientemente del día que estés teniendo, sin importar cuánto tiempo esperas, déjame decirte que el tiempo de Dios es perfecto. Y lo más importante, que sepas que Dios no te ha olvidado. Cuando permaneces en el momento presente, estás justo en el centro de Su voluntad. Mantén tus ojos en Él, hay mucho que aprender en la espera. Quien eres y en quién te convertirás en esta temporada de fe aún no cumplida es el reflejo más verdadero de tu personalidad. ¡Hazlo hermoso, en lugar de amargo!

> ❝ Bíblicamente, esperar no es solo algo que tenemos que hacer hasta que obtengamos lo que queremos. Esperar es parte del proceso de convertirnos en lo que Dios quiere que seamos. ❞
> - *John Ortberg*

Gratitud por las Bendiciones

Gratitud por las Bendiciones

SIETE

SUMISIÓN

"Aunque la higuera no florezca, ni haya frutos en las vides; aunque falle la cosecha del olivo, y los campos no produzcan alimentos; aunque en el aprisco no haya ovejas, ni ganado alguno en los establos; aun así, yo me regocijaré en el Señor, ¡me alegraré en Dios, mi libertador! El Señor omnipotente es mi fuerza; da a mis pies la ligereza de una gacela y me hace caminar por las alturas."

Habacuc 3:17-19 (NVI)

Lentamente, Dios cambió la forma en cómo veía todo: mi definición de familia, lo que mi futuro podría contener y cómo depender de Él en medio de la incertidumbre.

Tuve que mirar mi situación con fe, pero no con una fe que creyera que mi voluntad debía cumplirse. Necesitaba una fe que confiara en que la voluntad de Dios para mí era en última instancia mejor para Su gloria. Solo entonces podría recibir Su paz y tener la oportunidad de participar con alegría en lo que Él estaba haciendo. En esta vida, no se nos promete salud y riqueza, pero se nos garantizan dificultades y sacrificios (Juan 16:33). Dios usará cada detalle de nuestra historia, incluso las consecuencias del pecado, para que todos las cosas cooperen para el bien de aquellos que lo aman (Rom. 8:28), aunque ese bien no tome la forma que esperamos.

4 de agosto de 2015

No puedo creer que hayan pasado ocho meses desde que toqué este diario. No es que no haya pensado en él, nuestra situación familiar es todo en lo que puedo pensar, nunca estoy segura de qué decir. Aquí está una actualización de lo que ha sucedido. El médico dijo que no había razón para comenzar las pruebas hasta agosto, pero el pasado mes de marzo, compré una prueba de ovulación que salió positiva durante doce días seguidos.

Eso no es normal. Mi médico es de trato fácil y me dijo que deberíamos esperar un año entero para intentarlo después de que mi ciclo volviera a la normalidad, antes de comenzar cualquier tipo de prueba de fertilidad. Pero cuando obtuve estos resultados de la prueba de ovulación, lo llamé para informarle. Estuvo de acuerdo en que debe haber algo que no está del todo bien y me animó a hacerme un análisis de sangre para encontrar el problema.

En abril tuve un mes particularmente difícil. Era mi cumpleaños nuevamente, pero en lo único que podía pensar, era en la alegría que había experimentado el año pasado. Me había llenado de tanta esperanza y felicidad. Le dije a Nathan que no quería celebrar para nada mi cumpleaños porque no podía evitar que los recuerdos regresaran, sin mencionar mi desaliento de que después de un año completo, todavía estuviéramos atrapados en las mismas circunstancias. Pensé que seguramente un año después no seguiríamos intentando quedar embarazados nuevamente. Mi cumpleaños pasó sin ninguna celebración.

Así que analizaron mi sangre y descubrieron que no estaba ovulando, lo cual es la definición de infertilidad.

> Hay una tarea que el Dios de todo el universo, el gran Creador, tu redentor en Jesucristo, tiene que hacer, y que permanecerá sin hacer e incompleta hasta que por fe y obediencia entres en la voluntad de Dios.
> - *Alan Redpath*

Obtuve estos resultados la semana del Día de la Madre. Oh, día de la madre, como te resiento. Entonces, en el Día de la Madre 2015, me estaba acostumbrando a la idea de que era infértil. Por primera vez, comencé a considerar seriamente la posibilidad de que nunca podríamos concebir. Escuchar esta noticia de una manera tan oficial se sintió, de alguna manera, como una sentencia de muerte. No es una muerte literal, sino la muerte del sueño que siempre tuve de cómo sería mi familia. Fue, una vez más, devastador.

Me tomó un tiempo acostumbrarme a la idea. Estaba frustrada porque habíamos perdido tanto tiempo, pero me alegré de que este giro de acontecimientos haya comenzado el proceso de descubrir qué algo estaba mal. Más pruebas mostraron buenos niveles hormonales, pero hipotiroidismo disparatado, por lo que me enviaron a un endocrinólogo.

Tengo que agregar algunos detalles sobre este proceso, ¡porque Dios es muy bueno! Todos estos análisis de sangre deben realizarse en días específicos del ciclo para obtener los resultados correctos. ¿Recuerdas ese viaje a Irlanda que habíamos planeado? Bueno, el mejor día para hacer los exámenes fue el día después de regresar al país luego de nuestro viaje.

De camino a casa, tuvimos que esperar en el

aeropuerto de Houston a causa de una gran tormenta. Nuestro vuelo se retrasó y finalmente se canceló. Dormimos en el piso del aeropuerto esa noche mientras esperábamos en la lista de espera para tomar otro avión. Todo el tiempo que estuvimos estancados, estaba tan estresada de que no llegaríamos a casa a tiempo para hacerme el análisis de sangre, y tendríamos que esperar otro mes para hacerlo. ¡Otro mes! ¿Por qué siempre es un mes más? Estaba tan frustrada con Dios. Justo cuando parecía que íbamos a encontrar algunas respuestas, Él me tenía de vuelta en un lugar donde me sentía literalmente atrapada.

Tomamos un vuelo temprano a la mañana siguiente, y cuando aterrizamos en casa, manejamos directamente desde el aeropuerto hasta el laboratorio para hacer el análisis de sangre. Apenas habíamos dormido, estábamos completamente estresados y muertos de hambre. ¡Nos veíamos mal! Pero fue bueno que hayamos llegado; los resultados mostraron que mis niveles de tiroides estaban completamente bajos. Me alegré de saber que al menos habíamos encontrado algo mal, porque entonces sabíamos lo que había que arreglar.

Dos semanas después, con el endocrinólogo, realizaron el mismo análisis de sangre que antes, con algunas pruebas adicionales. Sorprendentemente, mis niveles iniciales de tiroides volvieron a un rango normal, pero las pruebas más extensas mostraron algunos problemas graves. El médico me explicó que tenía la enfermedad de Hashimoto. Con esta enfermedad, los niveles de tiroides se ven fuertemente afectados por la ansiedad. Como estaba completamente estresada cuando hice la prueba por primera vez, eso nos ayudó a ver que necesitaba más pruebas a fondo.

Si no nos hubiéramos quedado en el aeropuerto de Houston toda la noche hasta el día siguiente, lo más probable es que mis niveles de tiroides se hubieran visto bien superficialmente, y no hubieran realizado más pruebas para descubrir el problema. ¿Alguna vez te enojaste con Dios por algo y luego te diste cuenta de cuán amoroso estaba siendo en el acto por el que estabas tan molesta? Sí, esa fui yo.

En Junio descubrieron que tengo la enfermedad de Hashimoto, un trastorno autoinmune en el que los anticuerpos atacan mi tiroides y me causan hipotiroidismo.

Hay una larga lista de síntomas de Hashimoto, pero el único que realmente me preocupaba era el aumento de las tasas de aborto espontáneo e infertilidad. La enfermedad está estrechamente relacionada con la salud reproductiva, y la gravedad de la enfermedad generalmente aumenta con cada embarazo. Si esta fuese realmente la causa de nuestros problemas de embarazo, entonces podríamos haber estado en camino a encontrar una solución. Pero también hubo una alta probabilidad de que si pudiéramos quedar embarazados, podríamos experimentar otro aborto espontáneo, a menos que mis niveles de tiroides fueran monitoreados y regulados de cerca.

Así que ahora estoy tomando diariamente medicamentos para la tiroides por el resto de mi vida y no puedo comer gluten. Me alegro de que lo hayamos detectado temprano, pero no estoy disfrutando de tener una dieta de alto mantenimiento. No es un gran sacrificio si significa que puedo quedar embarazada.

Aprendimos que el gluten podría agravar los síntomas de Hashimoto, y que la información resultó en un cambio rápido de dieta. ¡Amo mi gluten! Pero, en ese momento, si alguien me hubiera dicho que pararme de cabeza me haría quedar embarazada, ¡lo habría hecho! Entonces, en esta situación fue fácil dejar el gluten. Vale la pena. Tampoco era una gran aficionada a la idea de estar tomando medicamentos por el resto de mi vida, pero una vez más, cualquier cosa que funcionara estaba bien para mí.

Pero realmente no sabemos si esto está relacionado, por lo que tenemos programado ver a un especialista en fertilidad más tarde en esta semana.

A pesar de que ha pasado mucho tiempo en este proceso, he comenzado a contar cuánto tiempo he AHORRADO, y Dios ha seguido mostrándome su fidelidad. Aquí hay algunas maneras:

- Los resultados de la prueba de ovulación nos permitieron comenzar las pruebas en marzo en lugar de esperar hasta agosto.
- Mi análisis hormonal de sangre debía hacerse en el día tres de mi ciclo, que iba a ser durante nuestro viaje a Irlanda, y tendría que esperar otro mes, pero menstrué tarde y pude hacer la prueba el día que llegamos a casa (el tiempo fue perfecto, aún cuando nos quedamos estancados en el aeropuerto un día más).
- Mis niveles de tiroides en esa prueba estaban anormales, pero solo dos semanas después eran normales, si ese no hubiera sido el caso, nunca hubiéramos descubierto la enfermidad de Hashimoto.
- Cuando programé mi cita con el endocrinólogo, teníamos que esperar durante dos meses, ¡pero me llamaron una hora más tarde con una apertura para el día siguiente! ¡Sin mencionar que ese fue el único día durante todo el verano en el que podía dejar por un momento el trabajo y a los niños!

Estas no son coincidencias. El tiempo de Dios es perfecto. Él habría podido hacer que estos eventos se hicieran realidad en cualquier momento. Él estaba en control de cuan rápido todo comenzaría a encajar.

Dios es bueno. Él tiene un plan, y puedo verlo de muchas maneras pequeñas.

Lo que comparto a continuación es verdaderamente un ejemplo de cómo Dios había estado cambiando lentamente mi idea de cómo podría ser nuestra familia. Por primera vez, me había abierto a todo lo que Él pudiera tener para mí, en lugar de cambiar mis opiniones y aferrarme a lo que originalmente había querido para Nathan y para mí.

Además de las citas con el médico, también hemos estado buscando algo más. No sé cuándo comenzó la idea, pero comenzamos a pensar seriamente en adoptar un niño en mayo. Ambos creemos que hay muchos niños en los EE. UU. que necesitan ser adoptados y entre estos, estamos más interesados en la adopción temporal a través del estado.

Esto es muy diferente de lo que te hubiera dicho hace un año, pero poco a poco estoy rompiendo todas las barreras de lo que "no haré". Quizás es mi trabajo en Bridge lo que me ha dado el deseo de ayudar a los niños en situaciones desesperadas o incluso la idea de que puedo tener la capacidad de ayudarlos.

He estado pensando que la adopción temporal es muy difícil, por decirlo así un niño pequeño es muy inocente, a uno de edad un poco mayor (como de primaria hacia abajo) pero solo comenzaría con uno nada más. ¿Quién sabe dónde terminaremos a este ritmo? Fuimos a la orientación y estamos tratando de decidir en qué fechas comenzarán las clases. Mis preocupaciones mayores al respecto son:

¿Se dañará mi relación con Nathan? Agregar una nueva persona en nuestro núcleo familiar, incluso un bebé propio, causará tensión y conflicto porque es un nuevo ajuste. Solo quiero asegurarme de que Nathan sea la cabeza principal sobre todas las decisiones, incluso la de cualquier niño y mantener una comunicación abierta y honesta a medida revisamos todas las decisiones involucradas.

¿Qué hacer con mi trabajo? Si estuviéramos adoptando, entonces tendría que dejar mi trabajo para dedicarme al hogar, pero con la adopción temporal, no hay garantía de cuánto tiempo los niños van a estar con uno. ¡Podrían ser dos semanas o para siempre! ¿Entonces los pongo en la guardería? La lógica en este caso realmente me tiene perpleja. Pero sé que no es una gran cosa para Dios.

¿Cómo reaccionarán nuestras familias?

Sinceramente, no tengo idea de lo que dirían ... En este momento no puedo decir que Dios nos ha llamado a hacer esto. Ha guardado bastante silencio durante la mayor parte de este proceso. Me encantaría decir que he orado mucho por eso, pero eso tampoco es cierto. Honestamente, creo que de alguna manera todavía tengo problemas para confiar en Dios. No dudo de Su bondad o soberanía, por eso no puedo confiar en Él.

Incluso después de todo este tiempo, todavía tenía problemas para confiar en Dios, porque no podía confiar en que Él haría lo que yo quería que Él hiciera. Si había permitido que ocurriera un aborto espontáneo en el pasado, no había nada que le impidiera permitir que ocurriera otro aborto en el futuro. Y sin embargo, la sumisión a Su voluntad y finalmente confiar en que Su camino era el mejor, era el único camino a seguir.

No hay garantía de que los niños sean Su plan para nosotros; sé que si vuelvo a quedar embarazada, me aterrorizará tener otro aborto espontáneo. Él va a hacer Su voluntad, y aunque sé que Su voluntad es la mejor, también sé que es bastante diferente de cualquier imagen familiar que tuviera en mente.

Padre, lo que sea que me tengas reservado, te pido

que me ayudes a seguirlo y aceptarlo con alegría. Si bien los últimos veinte meses han sido un camino muy largo, tengo la sensación de que esto es solo el comienzo. Padre, ¿me darías claridad? ¿me mostrarías la dirección que debemos tomar con las próximas decisiones? En el pasado, me has mostrado Tu voluntad con tanta claridad, y te pido que hagas eso por Nathan y por mí en esta situación. Especialmente oro para que le des confianza a Nathan en Tu llamado y le permitas liderar en esto. Pase lo que pase, sabemos que eres Soberano, ¡y solo estamos aquí para hacer Tu voluntad y darte gloria!

Solo quiero decir que aunque había orado y pedido claridad a Dios muchas veces, esta fue la primera vez que finalmente lo escribí. Hay algo muy permanente en dejar algo por escrito. No se puede borrar ni volver a escribir. No puedo regresar y editar mi diario para mostrar que Dios respondió una oración de una manera que realmente no respondió. No puedo eliminar las dudas y preguntas que estaba experimentando.

Esa permanencia en escribir oraciones y pensamientos es lo que hace que más tarde podamos ver qué tan sorprendentes son las respuestas de Dios. Para mí, este fue absolutamente el caso con la memoria anterior en mi diario. En el próximo capítulo, verás lo que Dios ya sabía cuando estaba escribiendo estas mismas palabras. ¿Fue una coincidencia que yo derramara mi corazón en este diario después de ocho meses de silencio? Absolutamente no. Dios tiene una manera increíble de darse a conocer en los momentos más íntimos con una certeza innegable. Estaba pidiendo claridad, y estaba a punto de dármela.

⁂ Cuando Experimentas la SUMISIÓN ⁂

En el proceso de duelo, la palabra "aceptación" generalmente se refiere a aceptar lo que sucedió. Sin embargo, el término "sumisión" me parece más preciso para describir la manera en cómo los cristianos debemos proceder. La sumisión, en este caso, significa llegar a un acuerdo con quién es Dios en verdad, y finalmente alcanzar un punto de rendirse a Su voluntad. Es reconocer que debemos liberar lo que creemos que tenemos derecho a fin de ver el cumplimiento de Su voluntad para nosotros. Cuando realmente vivimos en sumisión, le damos a Dios la clave para desbloquear las compuertas de la redención en nuestras vidas.

Hay un espacio en la página siguiente para escribir un diario sobre algunas áreas que reconozcas que necesitan sumisión en tu propia vida. Usa este espacio para hacer una lista, escribe una oración de sumisión a Dios, o escribe tus pensamientos sobre cualquier idea, sueño, expectativa o derecho al que todavía te aferres. Intenta incluir algunos pasos sobre cómo puedes poner esa área de manera práctica.

Lo Que Necesito Someter

Lo Que Necesito Someter

OCHO

TEMOR

"Entonces Eliseo le prometió: —El año que viene, por esta fecha, estarás abrazando a un hijo.

—¡No, mi señor, hombre de Dios! —exclamó ella—. No engañe usted a su servidora".

2 Reyes 4:16 (NVI)

Lo último que escribí en mi diario fue el 4 de agosto. Le había pedido a Dios claridad. Había entregado mi voluntad a la suya. Había llegado a aceptar lo que Él tuviera para mi en el futuro. Tres semanas después, mi diario continúa.

30 agosto 2015

Sí, acabo de escribir esto después de recibir las noticias hace dos semanas y media: ¡estamos embarazados! Qué mes más loco ha sido este. Fuimos a ver al especialista el diez de Agosto, y él programó muchas pruebas para comenzar en el día tres de mi ciclo. El único problema fue que me retrasé dos semanas y no mostraba signos de comenzar pronto.

Finalmente me pregunté si podría estar embarazada; la idea se me ocurrió a las diez en punto de un martes por la noche. Se lo mencioné a Nathan, y él sugirió que fuéramos a comprar una prueba del embarazo en ese momento, así que fuimos a la farmacia a esas horas. Por supuesto, quería ahorrar dinero, así que opté por la prueba del embarazo donde la línea te muestra si estás o no embarazada en lugar de la digital, me fui a casa, hice la prueba y salió que estaba embarazada.

Lo negué por completo, decidimos que no podía ser cierto, y necesitábamos la prueba digital. Tome mucha agua, y regresamos a la farmacia a comprar la prueba digital, esperamos una hora e hicimos la prueba nuevamente. ¡Embarazada!

Después de esperar este momento durante tanto tiempo, pensé que estaría brincando de un lado a otro, gritando las noticias a todo lo que mis pulmones daban, pero en cambio Nathan y yo nos quedamos allí sentados mirando la prueba del embarazo incrédulos durante media hora. No me dí cuenta de la pared protectora tan fuerte que había puesto alrededor de mi corazón hasta este momento. Creo que pasará mucho tiempo antes de emocionarme por este embarazo. Estoy feliz, pero no como lo estuve la primera vez.

Estaba completamente sorprendida por mi reacción. Sabía que Dios no me daría nada que no pudiera superar con Su ayuda y Su fuerza, las cuales me ayudarían a seguir adelante. Pero en el fondo, tenía miedo de no poder lidiar con otro aborto espontáneo. Tenía miedo de perderme otra vez.

Estoy muy segura de que Nathan también lo estaba. Había caminado tan pacientemente a mi lado durante mi dolor, incluso cuando no podía entender lo que estaba experimentando. Es increíblemente difícil ver a alguien que amas pasar por una temporada dolorosa y sentirte impotente para ayudar. Sabía que el proceso de duelo había sido tan duro para él como para mí, aunque de una manera completamente diferente.

Esa noche, seguí preguntándole a Nathan: "¿De verdad crees que estoy embarazada?" Por supuesto, ambos sabíamos que la respuesta era sí, lo que realmente quería saber era: '¿Crees que realmente tendré un bebé?' La respuesta a eso aún no se sabía y solo el tiempo lo diría.

Por mucho tiempo quería saber el final de mi historia, anticipando lo que viniera después y odiando estar estancada. Por primera vez, no estaba segura de querer saber el final. ¡No estaba segura de que tuviera una feliz culminación, y no me atrevería a ilusionarme con una! Había otra pregunta dándome vueltas en la cabeza que no quería preguntar, porque no quería saber la respuesta: si Dios quiere que le entregue todo a Él, ¿qué más me pedirá que le dé? ¿Y estaré dispuesta a hacerlo? Me he podido someter cuando no me quedaba nada, pero ahora que nuevamente tenía algo que podría perder, no estaba tan segura.

Solo cuatro días después de la cita con el especialista en fertilidad, volvimos a llamar para decir que estábamos embarazados. Él solo ve a las pacientes antes del embarazo a menos que ya hayan tenido una cita, por lo que haremos todas nuestras visitas preliminares del embarazo con él, otra de las misericordias de Dios.

Este fue definitivamente un regalo increíble de Dios, porque significaba que nuestro primer ultrasonido se realizaría en el consultorio de la clínica de fertilidad, en lugar del consultorio de mi médico habitual. Sinceramente, no creo que hubiera podido entrar en la misma habitación, donde había recibido noticias tan devastadoras, sin tener un colapso emocional.

En la primera semana después de saber del embarazo, me pusieron progesterona e hicieron dos análisis de sangre para asegurarse de que todo progresara correctamente.

¡Los miembros del personal de la clínica de fertilidad fueron increíbles! Eran sensibles a mis sentimientos frágiles y tomaron todas las precauciones para asegurarse de que hiciéramos todo lo posible para mantener al bebé sano y seguro. Programamos citas de la tiroides con el endocrinólogo cada seis semanas para verificar el análisis de sangre y regular mi medicamento durante todo el embarazo.

El veintiuno de agosto tuvimos nuestro primer ultrasonido. La semana previa a esto fue dura. Mi cabeza estaba llena de los peores escenarios posibles y sentía que estaba reviviendo ese día cuando estuve en el cuarto de ultrasonido cuando nos dieron la triste noticia. Sentí que lloraría como si hubiera perdido al bebé, a pesar de que todas nuestras pruebas se veían bien. Estaba ansiosa e igualmente temerosa de lo que vería en el ultrasonido.

¡Pero la gracia de Dios se desbordó el día de la prueba, y estaba completamente llena de paz! Todavía era muy pronto, pero pudimos ver a nuestro bebé. Pensaron que estábamos cerca de seis semanas en ese momento, pero era demasiado pronto para poner una fecha de nacimiento. Y luego, ¡pudimos escuchar los latidos del corazón! ¡Qué hermoso sonido! Y lloré lágrimas de alivio. Tenemos otro ultrasonido programado para este viernes para verificar el ritmo de crecimiento. Si todo está bien en este punto, habremos avanzados más que la última vez. Por ahora, tomo las cosas un día a la vez y trato de agradecer el tiempo que tenemos con este bebé, ya sea unas pocas semanas o el resto de nuestras vidas. Hasta ahora solo les hemos dicho a mis padres. Quiero esperar hasta que pueda compartir genuinamente la alegría del momento. Estoy luchando con mucha fatiga y un poco de náuseas matutinas, pero sigo recordándome de estar agradecida por ello como un signo saludable.

¡Padre, gracias por este regalo inmerecido! Ruego que continúes dándome paz en los próximos meses y que tenga la fuerza para agradecerte y darte gloria sin importar el resultado. Te entrego a este niño porque sé que lo amas y lo has creado para un buen propósito: darte gloria.

Oro para que con el tiempo aumentes mi alegría, para que mi dolor pasado no robe la felicidad que viene al dar la bienvenida y celebrar una nueva vida. Te amo y gracias por tu fidelidad y soberanía. Confío en ti completamente con todo lo que tengo.

Aquí es donde termina mi diario de embarazo.

¿Qué? ¿Por qué? Estábamos llegando a la mejor parte, ¿verdad? Dejé de escribir en el diario porque tenía demasiado miedo de escribir algo más. A través del aborto espontáneo y la infertilidad, escribí mis pensamientos y sentimientos, incluso si era esporádico. Pero ahora que estaba embarazada de nuevo, no podía poner la pluma en el papel. Sin embargo, recuerdo muy claramente lo que estaba sintiendo en esta temporada.

⁃୨ CULPA ୧⁃

La primera emoción que dominó esta temporada fue la culpa. ¡Sí, culpa y en muchos niveles! Me sentí culpable por no sentir la emoción que esperaba sentir. ¿Por qué no estaba tan feliz de estar embarazada? ¿No era éste el mejor regalo que habíamos estado esperando y orando por tanto tiempo? ¿No debería haber estado felizmente feliz, en lugar de estar llena de miedo, duda y temor?

También me sentí culpable de estar embarazada. Muchas otras mujeres habían expresado sus luchas similares durante este tiempo de pérdida y espera, y compartimos un vínculo afín en esa temporada. Pero en todas las ocasiones en que había mirado a otras mujeres embarazadas y había preguntado con envidia: "Dios, ¿por qué ellas y no yo?". Ahora me preguntaba exactamente lo contrario en humildad, "Dios, ¿por qué yo y no a ellas?"

Tengo tantas amigas preciosas que todavía están esperando mientras escribo estas palabras. No hay nada que me distinga para merecer un hijo más o menos que ellas. Mi fe no es mayor. Dios no me ama más. No hay distinción, Dios simplemente está escribiendo una historia diferente de redención en sus vidas de la que Él está escribiendo en la mía. Tenía miedo de compartir mis noticias con estas amigas porque sabía muy bien cómo se sentirían como resultado de quedarse atrás una vez más. También temía que no entendieran mi renuencia a alegrarme en el embarazo.

TEMOR

Sin embargo, el sentimiento principal que me dominaba era el miedo. Nunca he sido una persona temerosa, pero de repente estaba paralizada por el miedo. Tenía miedo de que perderíamos al bebé otra vez. Tenía miedo de no ser lo suficientemente fuerte como para atravesar esa temporada de pérdidas nuevamente. Tenía miedo de que la confianza que finalmente pude depositar en Dios se volviera a romper de nuevo. ¡Tenía miedo de que la promesa de Dios de llevarme a través de los momentos difíciles de la vida no sería suficiente, a pesar de que se había demostrado fiel a mí! Tenía miedo de volver a caer en el agujero oscuro del que finalmente había salido y volver a perderme.

> ❝ Nadie me dijo que el dolor se parecía tanto al miedo. ❞
> - C.S. Lewis

Estos miedos dominaron mis pensamientos. Cada vez que iba al baño, buscaba manchas. Antes de cada cita con el médico, la anticipación me hacía sentir que iba a estar enferma, siempre esperando escuchar lo peor. Tenía que encontrar formas de lidiar con el miedo y los pensamientos de muerte inminente que parecían ensombrecerme. Decidí encontrar algunas verdades para repetir y aferrarme para combatir las mentiras que Satanás me estaba alimentando en esos momentos.

Comencé eligiendo algunos versículos de la Biblia y repitiéndolos. Pero a veces estaba demasiado abrumada por la inquietud como para formar las palabras. En cambio, encontré una canción y la puse en mi teléfono. Cada vez que el miedo se apoderaba y los pensamientos sobre los peores escenarios comenzaban a aparecer en mi cabeza, tomaba mi teléfono y tocaba la canción. Elegí "Apaciguate, Alma Mía" de Ginny Owens[1]. Debo haber escuchado esta canción cientos de veces en los meses siguientes. Aquí están las hermosas letras:

Apaciguate, alma mía. El Señor está a tu lado.
Soporta paciente la cruz de sufrimiento o dolor.

[1] Ginny Owens. Libro. Something More, "Be Still, My Soul." March 2002.

Deja a tu Dios, para ordenar y proveer.
En cada cambio Él fiel permanecerá.

Apaciguate, alma mía, tu mejor, tu celestial amigo,
Atravesando senderos tortuosos,
Te guía a un gozoso fin.

Apaciguate, alma mía, tu Dios está comprometido
A guiar el futuro, como hizo con el pasado.
Tu esperanza, tu confianza
No permite que nada se agite.
Todo lo ahora misterioso, será brillante al fin.

Apaciguate, alma mía,
Las olas y los vientos aún conocen
Su voz quien los gobernó en la tierra.
Apaciguate, alma mía
Apaciguate, alma mía
Apaciguate.

    Esta canción expresaba perfectamente toda la mezcla de mis emociones. Era una canción de rendición, una canción que me recordó que, aunque el peor escenario era una posibilidad real en mi mente, Dios sería fiel en la prueba. Tenía que aprender a confiar. Tuve que cargar a mi bebé con las manos abiertas. Tenía que estar dispuesta a recibir y devolver. Tuve que dejarlo ir.
    Y al dejarlo ir, encontré la paz. ¿Por qué? Porque cuando nos aferramos a algo, consideramos que tenemos el control de ello, y no somos capaces de

manejar esa cantidad de responsabilidad. Solo Dios da vida, y solo Él la controla. Tenemos que entregárselo a Él.

La otra cosa que hice para combatir el miedo fue conseguir un doppler. Cada vez que comenzaba a preguntarme si el corazón de mi bebé aún latía, todo lo que tenía que hacer era presionarlo contra mi estómago. Descansaría tranquila cuando escuchara el sonido de un pequeño tren resonando en mi vientre. También me propuse verificar los latidos del corazón antes de cada cita con el médico. No quería volver a recibir noticias inesperadas en la clínica.

A las doce semanas del embarazo, fui a un chequeo regular. En este punto, se considera que las mujeres se encuentran en la "zona segura" porque ocurren relativamente pocos abortos espontáneos después del primer trimestre. Incluso estando en la zona segura, no me sentía que estaba a salvo. Nathan tuvo una reunión importante en el trabajo, por lo que no pudo ir conmigo a la cita conmigo. El médico hizo todas las preguntas habituales y luego sacó el doppler para escuchar los latidos del corazón.

Lo movió por todas partes y finalmente dijo: "No estoy escuchando los latidos del corazón con el doppler. Echemos un vistazo rápido con el ultrasonido ".

Sentí que quitaron todo el aire de la habitación. La horrible familiaridad de ese momento fue sofocante. Inmediatamente comencé a orar, luchando por mantener la calma. Había entregado este bebé a Dios. Había decidido confiar en Él sin importar lo que sucediese, lo que incluía esto. ¿Cierto?

Mientras me vestía con una bata y esperaba en esa despreciada sala de ultrasonidos, agarré mi teléfono con manos temblorosas y toqué la canción, deseando no llorar. Entró el médico, realizó el ultrasonido e inmediatamente encontró el latido del corazón, fuerte y perfecto. Salí de la consulta y caminé hacia mi auto con piernas temblorosas, a punto de colapsar.

Cuando llegué al auto, perdí el control por completo. Lloré histéricamente, sentada en el estacionamiento y llamé a Nathan por teléfono. Pobre hombre.

Él respondió preguntando: "¿Cómo estuvo la consulta?"

Cuando solo pude responder con llanto y sollozos, inmediatamente temió lo peor. Finalmente, pude calmarme lo suficiente como para decirle que todo estaba bien. Lloré todo el camino a casa. Incluso después de llegar a la casa, seguía llorando. Fueron lágrimas de alivio porque todo estaba bien, ansiedad por haber enfrentado la posibilidad de mi mayor temor y dolor por un resurgimiento inesperado de la emoción de nuestra pérdida anterior. Tal vez siempre habrá un pedazo de mi corazón que esté roto.

Me encantaría decir que cada vez que el miedo entraba, escuchaba la canción, me rendía, experimentaba paz y seguía adelante. Ese no fue el caso. Rendirse fue momento a momento, hora a hora, día a día, durante todo el embarazo. Incluso el día que fuimos al hospital para dar a luz, todavía tenía una voz en el fondo de mi mente que me decía que no volveríamos a casa con un bebé. No podía ignorar la posibilidad de perder a otro hijo.

Cuando Experimentas TEMOR

El enemigo usa mentiras para crear miedo en nuestras vidas. El miedo puede ser absolutamente paralizante. La mejor manera de combatir ese miedo es mantener cerca la verdad de Dios y volver a ella constantemente. Usa el espacio provisto al final de este capítulo para escribir algunos versículos de la Biblia o letras de canciones en las que puedas meditar cuando estés abrumada por el miedo y Satanás te arroje todo lo que tiene.

Cuando cedemos al temor, le permitimos a Satanás robar nuestra alegría, y ese es su objetivo: robar, matar y destruir (Juan 10:10). Dios, por otro lado, tiene un plan diferente en mente para nosotros: ¡darnos vida y vida en abundancia! ¡Cuando permitimos que el miedo controle nuestros corazones y mentes, desechamos voluntariamente la vida abundante de libertad y paz que Él tiene para nosotros!

La Verdad para Combatir el Temor

La Verdad para Combatir el Temor

NUEVE

REDENCIÓN

"El Dios que da la paz levantó de entre los muertos al gran Pastor de las ovejas, a nuestro Señor Jesús, por la sangre del pacto eterno. Que él los capacite en todo lo bueno para hacer su voluntad. Y que, por medio de Jesucristo, Dios cumpla en nosotros lo que le agrada. A él sea la gloria por los siglos de los siglos. Amén".

Hebreos 13:20-21 (NVI)

Me encanta cómo las enseñanzas de Jesús en la Biblia cambian completamente al revés la manera en que pensamos que la vida debería funcionar. Si quieres ser el primero, sé el último (Mateo 20:16). Si quieres recibir, da (Prov. 11:24). Los que están quebrantados y lloran, serán bendecidos (Mateo 5:4). Si realmente quieres vivir, debes morir (Mateo 10:39).

Estas enseñanzas suenan locas, pero cuando se ponen en práctica, siempre son ciertas. Estas aparentes paradojas funcionan porque Dios ve el mundo desde un punto de vista completamente diferente al nuestro. Lo que no tiene sentido en nuestro marco limitado de existencia, para Él tiene un sentido en Su perspectiva eterna.

Es por eso que nuestro dolor y pérdida, tan difíciles como son, son los lugares perfectos para que florezca la redención de Dios, aunque parece inconcebible en este momento. No puede haber redención donde no hay nada que redimir. No puede haber sanación a menos que haya primero una enfermedad. No puede haber restauración donde no hubo primero rotura. Si bien Dios no tenía la intención de que el pecado y la muerte fueran parte de nuestras historias, ¡Él sí sabe cómo conquistarlas!

Dios ha estado redimiendo activamente lo que se perdió

¿Sabías?
El Lugar Santísimo era donde el sumo sacerdote ofrecía sacrificios de expiación por los pecados del pueblo de Israel. El dobladillo de la túnica que llevaba el sumo sacerdote estaba bordado con granadas.

desde el momento en que Eva le dio una mordida al fruto prohibido. Él dio los Diez Mandamientos en el Antiguo Testamento, creó el sistema de sacrificios y habló a través de los profetas. Si bien estos métodos podrían cubrir temporalmente el pecado, no lo eliminaron. El pacto del Antiguo Testamento nunca tuvo la intención de ser permanente. Era un sistema al que era imposible adherirse, roto y sin esperanza como un medio para redimir.

Como en cada historia, hubo un punto de momento crucial: un punto en el que todas las probabilidades parecen inclinadas hacia la destrucción. Pero ese no es el final. Jesús es nuestro punto crucial. La Biblia redime la caída de Adán y Eva enviando un 'nuevo Adán'. De la misma manera que todo pecado entró por una persona, todo es conquistado por una persona, Cristo en la cruz (Rom. 5:12-15) . Incluso después de que escogimos el pecado, Dios nos amó tanto que no nos dejó morir en nuestros pecados (1 Juan 1:9).

Para finalmente romper la distancia entre Él y nosotros, Él envió a Su Hijo, Su propio hijo amado, a morir la muerte que merecíamos. Jesús resucitó y rasgó la cortina que nos separaba del Padre. Dios hizo un camino para que seamos redimidos y restaurados en Él. La muerte y resurrección de Jesús derrocó y continúa derrocando el antiguo poder del pecado y la muerte. La maldición de Eva está rota, y la muerte ya no tiene control sobre nosotros.

Hay un nuevo tema en las Escrituras:

- Él refresca nuestra alma (Salmo 23:3).
- Él está buscando y salvando a los perdidos (Lucas 19:10).
- Está en el acto de reconciliar todas las cosas consigo mismo (Col. 1:20).

Este trabajo restaurador y reconciliador no estará completo hasta que estemos unidos con Él en la eternidad. Y cuando lleguemos allí, todo lo que se perdió será redimido. Esta es una promesa que encontramos una y otra vez en las Escrituras.

¡Miren a las naciones! ¡Contémplenlas y quédense asombrados! Estoy por hacer en estos días cosas tan sorprendentes que no las creerán aunque alguien se las explique.

> Habacuc 1:5 (NVI)

Olviden las cosas de antaño; ya no vivan en el pasado. ¡Voy a hacer algo nuevo! Ya está sucediendo, ¿no se dan cuenta? Estoy abriendo un camino en el desierto, y ríos en lugares desolados.

> Isaías 43:18-19 (NVI)

Presten atención, que estoy por crear un cielo nuevo y una tierra nueva. No volverán a mencionarse las cosas pasadas, ni se traerán a la memoria.

> Isaías 65:17 (NVI)

El que estaba sentado en el trono dijo: «¡Yo hago nuevas todas las cosas!» Y añadió: «Escribe, porque estas palabras son verdaderas y dignas de confianza».
 Apocalipsis 21:5 (NVI)

Aunque esta redención sólo se completa en el cielo, podemos ver los comienzos de esta reconciliación que tiene lugar en la tierra a través de la demostración de la gracia de Dios. Las heridas se curan, las vidas se salvan, los corazones se purifican y las lágrimas se convierten en risas. Las mujeres experimentan la alegría de concebir y dar a luz. Cada vez que sucede, es una extensión de la gracia de Dios para nosotros, un pueblo que no lo merece. Verás, siempre tuve una perspectiva equivocada: no es Dios quien nos impide tener hijos, es Dios quien desde comienzo nos da la oportunidad.

¡Aquí es donde entran las promesas de Dios para nosotros!
- Nada puede separarnos del amor de Dios en Cristo (Rom. 8:38-39).
- Nunca nos dejará ni nos abandonará. (Deut. 31:6).
- Él tiene un plan para darnos una esperanza y un futuro (Jer. 29:11).
- Él nos dará paz durante el camino (Fil. 4:7).

¿Sabías?

En las pinturas religiosas, la granada representada abierta es un símbolo del sufrimiento, muerte y resurrección de Cristo.

Nos está llamando a Sí mismo, revelando Su amor en toda la creación, haciéndonos señas para que le demos todos nuestros miedos, dolores, dudas, ídolos, planes, esperanzas, sueños y deseos para que Él pueda escribir Su historia de redención en nuestros corazones. ¿No sabes que Él tiene cosas mucho más grandes planeadas para ti de lo que podrías planear para ti misma? ¡Está haciendo todas las cosas nuevas!

Sé lo que puedes estar pensando, porque he caído en la misma trampa de comparación. Es difícil no responder diciendo: 'Puedes decir que has sido redimida porque ahora tiene una conclusión y un final feliz. Bien por ti. Pero no sé si ese será el final de mi historia ". Tienes razón, y puedo garantizar que mi historia no será la tuya, porque Dios no escribe la misma historia dos veces.

Permíteme decir algo muy claramente, y es mi ferviente oración que escuches mis palabras y las aceptes: Dios puede redimir la pérdida que has experimentado incluso si nunca tienes un hijo propio, porque la redención no está atada a cualquier persona, cosa o experiencia. Está atada a Él. Él es quien redime, a través de su propio carácter, presencia y amor increíble.

Cuando Él redime, no se necesita nada exterior para completar su obra. El es la terminación. No solo es el Redentor, es la redención. De la misma manera, que en mi caminar cuestioné si realmente creía que Jesús era suficiente, también debes enfrentar esa pregunta por ti misma para experimentar Su redención en tu propia vida.

La Biblia enseña que el que ha pecado mucho puede ser perdonado mucho (Lucas 7:47). Del mismo modo, la profundidad con la que hemos experimentado la pérdida es la altura en la que podemos presenciar la redención de Dios.

Para ilustrar esto, quiero compartir una historia de Mateo 19: 16-26 (NVI). Voy a agregar mi propio comentario a lo largo de los versos, indicado en cursiva.

"Sucedió que un hombre se acercó a Jesús y le preguntó:
—Maestro, ¿qué es lo bueno que debo hacer para obtener la vida eterna?"

> *En otras palabras, ¿cómo puedo experimentar la redención?*

"—¿Por qué me preguntas sobre lo que es bueno?—respondió Jesús—. Solamente hay uno que es bueno. Si quieres entrar en la vida, obedece los mandamientos."

> *Jesús, por favor dilo más fuerte para la gente en la parte de atrás, "Solo hay Uno que es bueno". Es común cuestionar la bondad de Dios en tiempos de desesperación. Sin embargo, Jesús enseña que Dios no solo se califica como bueno, sino que Él es la definición del bien.*

"'Contestó Jesús:

—"No mates, no cometas adulterio, no robes, no presentes falso testimonio, honra a tu padre y a tu madre", y "ama a tu prójimo como a ti mismo".

—Todos esos los he cumplido —dijo el joven—. ¿Qué más me falta?

—Si quieres ser perfecto, anda, vende lo que tienes y dáselo a los pobres, y tendrás tesoro en el cielo. Luego ven y sígueme."

> *Entrégalo todo: todos tus deseos, todos tus planes, miedos, dudas, reservas, incluso ese poquito de derecho a la felicidad que te imaginas para ti mismo. Déjalo todo y sigue a Jesús. Tenemos miedo de hacer esto porque, al igual que el joven, tenemos la falsa creencia de que Dios no quiere que seamos felices. Creemos que por seguir a la rendición, de alguna manera debemos aprender a vivir siendo miserables e insatisfechos.*

"Cuando el joven oyó esto, se fue triste, porque tenía muchas riquezas."

> *Eligió conservar la vida que había creado para sí mismo por encima de la sumisión, y no le trajo satisfacción. En cambio, se fue triste.*

"—Les aseguro —comentó Jesús a sus discípulos— que es difícil para un rico entrar en el reino de los cielos. De hecho, le resulta más fácil a un camello pasar por el ojo de una aguja que a un rico entrar en el reino de Dios."

El que nunca ha perdido parece aferrarse a lo que tiene aún más fuertemente, porque todavía tiene que descubrir la belleza de la redención que lo espera al otro lado de dejarlo todo.

"Al oír esto, los discípulos quedaron desconcertados y decían:
—En ese caso, ¿quién podrá salvarse?"

En otras palabras, si este hombre tenía todo y no pudo encontrar la redención, ¿quién puede ser redimido?

"—Para los hombres es imposible —aclaró Jesús, mirándolos fijamente—, mas para Dios todo es posible."

Tenerlo todo no es tener redención. Tenerlo todo, pero negarse a dejarlo, es la crisis mayor de fe. La rendición es el camino hacia la libertad, y en esa libertad, Dios puede escribir Su historia de redención en nuestras vidas.

Entonces escucha esto de mí otra vez; la redención no está ligada a las circunstancias de tu historia. Está vinculada a tu relación con el Autor de esa historia. Dios no te está probando. Él no quiere que seas infeliz. Él quiere una vida hermosa, completa, plena y redimida en la que estés completamente alineado con Su voluntad, para que Él pueda guiarte efectivamente en la plenitud de Su amor.

Él tiene planes tan asombrosos para ti, tal como lo hizo para el joven rico de Mateo. Qué pena que nunca leamos otra historia sobre este hombre, sobre las cosas que hizo por el reino de Dios, o su increíble fe y la relación que compartió con Jesús. Se paró frente a Dios encarnado habitando entre nosotros y se alejó. Nunca más volveremos a saber de él. Tristemente se retira a su riqueza y a la oscuridad.

Tenemos la misma opción frente a nosotros, y oro de todo corazón por ti mientras tomas tu decisión. En cuanto a mí, no quiero ser ese joven rico. Quiero ser redimida. Quiero estar en la historia que Dios está escribiendo. Quiero soltar lentamente los deseos que tengo entre mis dedos, y abrir mis manos llenas de todas las piezas rotas. Quiero colocar esas piezas a los pies de Jesús y asombrarme de lo que Él va a crear con ellas. Quiero sorprenderme de la profundidad de su redención, por las formas en que está trabajando las cosas para bien, ya sean pequeñas e íntimas, o vastas e inconcebibles. Pero, sobre todo, lo quiero a Él. Más que cualquier otra cosa, lo elijo a Él, y como resultado de esa relación, confío en que Él hará que todas las cosas sean nuevas en mi vida.

Y déjenme decirles, amigas, Él lo ha hecho.
¡Me ha redimido de muchas maneras! Voy a compartir contigo algunas de estas formas, pero solo si prometes no ponerle más valor a los resultados de la redención que al Redentor mismo. Al hacer esta lista de cómo Dios ha restaurado tantas cosas rotas en mi vida, no compares tu historia con la mía, porque Dios tiene un final único para ti. Sepan que la única razón por la que encuentro redención en estos momentos es por quién es

Dios. Y Él es el mismo Dios para ti como lo es para mí.

Con eso, te contaré el final de la historia. Compartiré contigo la bondad de nuestro Dios y cómo Él está haciendo nuevas todas las cosas.

🌿 Mi primera hija, Maya Grace, nació en 2016. El nacimiento se retrasó diez días y la espera era casi insoportable. Pero ella llegó justo cuando se suponía que debía hacerlo. Ella nació en mi trigésimo cumpleaños. ¿Recuerdas mis dos cumpleaños anteriores? Uno estaba lleno de esperanza y alegría cuando anunciamos nuestro primer embarazo a familiares y amigos.

El año siguiente estuvo lleno de dolor, un recordatorio de la pérdida que habíamos experimentado y el vacío que aún continuaba. Ni siquiera me atreví a celebrarlo. Y en este cumpleaños, recibí el increíble regalo de sostener a mi bebé sana en mis brazos. Ahora, cada año, celebro mi cumpleaños agradeciendo a Dios por su grandiosa fidelidad hacia mí. Él ha redimido este día.

🌿 ¿Recuerdas el centro local de embarazo al que llamé en mi angustia cuando necesitaba hablar con alguien? ¿Recuerdas cómo comencé a apoyar financieramente su ministerio? Bueno, envían un boletín anual con estadísticas sobre cómo su ministerio está sirviendo a la comunidad de diferentes maneras. También incluyen algunas historias personales de mujeres a las que han servido.

Un boletín que recibí mostraba la historia de una mujer que había estado considerando abortar, pero había decidido quedarse con su bebé como resultado del estímulo y el apoyo del centro de embarazo. Su bebé había nacido el diecinueve de abril, el mismo día en que Maya había nacido. Era como si Dios estuviera iluminando el hecho de que está tejiendo las historias de vidas aparentemente desconectadas en un hermoso tapiz de redención. Estaba asombrada por la idea de que mi pérdida, a través de una cadena de eventos divinamente orquestada, podría haber contribuido de alguna manera a salvar la vida de otro bebé. Dios está usando mi dolor para lograr la redención en la vida de los demás.

    ✥ ¿Recuerdas a la antigua compañera de trabajo que me preguntó cuándo comenzaría una familia? De pie en la copiadora ese día en la oficina de la iglesia, apenas pude responder porque el dolor era muy reciente. Después de que Maya nació, una vez más estaba trabajando en un proyecto en la iglesia. Estaba parada en la misma copiadora, imprimiendo las páginas necesarias de actividades. Maya, de solo seis meses de edad en ese momento, estaba a mi lado, en la silla de bebé en la carriola. Me estaba mirando con sus ojos hermosos y agitando sus gorditas manos en el aire mientras trabajaba.

    ¿Quién debería entrar a la oficina en ese momento exacto? No era otra que la misma compañera de trabajo que se había detenido a conversar conmigo años antes. Ella se inclinó sobre Maya y siguió hablando sobre lo hermosa que era, y yo sonreí con orgullo. Me llamó la atención la recurrencia de la escena. Qué transformación tan asombrosa había tenido lugar en mi vida desde ese primer encuentro hasta el segundo. Donde antes había ira y ofensa, ahora hay gracia y comprensión. Dios ha redimido mis relaciones.

🌿 La cuna que compramos en Craigslist, que permaneció vacía en la habitación del bebé silenciosa durante nueve meses, fue un lugar constante de rendición para mí. Finalmente la guardé con lágrimas de sumisión, aceptando que Dios quizá no tenga un bebé en nuestro futuro. Ahora se encuentra en la habitación de mi hija, convertida en una cama para niños pequeños. Le canto una canción a Maya todas las noches mientras se duerme en ella. La canción no es la canción de cuna típica para niños, pero es la misma canción de rendición que escuché en todos mis momentos de duda y miedo durante mi embarazo con ella. Es "Apaciguate, Alma Mía" de Ginny Owens. Canto las palabras sobre ella todas las noches, muchas veces con su dulce voz sonando,

Apaciguate alma mía
El señor está de tu lado
Soporta pacientemente la cruz
De sufrimientos o dolor.

Deja a tu Dios
Disponer y proveer.
En toda circunstancia, Él
Permánecera fiel.

Apaciguate, alma mia
Las olas y los vientos aún conocen
Su voz quien los gobernó mientras moró en la tierra[1]

Le devuelvo a Dios a Maya todas las noches mientras la acuesto a dormir, sabiendo que a pesar de que ella está conmigo ahora, no hay garantías para mañana. Y, sin embargo, Dios es amor y es fiel. Mientras me entrego continuamente, Él redime.

En 2018, programamos fotos de mi embarazo en un parque local para el nacimiento de mi segunda hija, Everly Joy. Maya tenía casi dos años en ese momento, y estaba muy inquieta ese día. Estaba huyendo, negándose a quedarse quieta para tomar una foto, haciendo berrinches y haciendo una escena lo más grande posible para el fotógrafo. Agarré una bolsa de galletas de animales del auto para usarla literalmente como anzuelo para convencerla a tomarse unas fotos. La sesión de fotos terminó prematuramente cuando Maya arrojó toda la bolsa de galletas de animales en la fuente, y decidí que eso era todo por el momento.

Me senté en el borde de la fuente, tratando de sacar la bolsa de galletas de animales, con Maya todavía riéndose orgullosa de su logro. Traté de no darle la satisfacción de verme reír ante lo absurdo de la situación cuando las galletas de animales volaron por el aire y cayeron en el agua. De repente, me di cuenta de que me había sentado en este mismo lugar tres años antes. ¿Te acuerdas de la fuente? ¿En la que me senté, sola,

[1] Ginny Owens. Booklet. Something More, "Be Still, My Soul." March 2002.

destrozada, en la caminata para conmemorar a los bebés perdidos?

Estaba sentada en el mismo lugar, pero como una persona completamente diferente. Había estado rota, perdida, sola y sin esperanza ese día. Aquí me senté de nuevo, con una mano sobre mi abultado vientre, abrazando al niño que aún estaba por venir, y la otra sacando una bolsa de galletas de animales (no se me ocurre una mejor representación de la vida cotidiana de una madre con niños pequeños). Tuve que reír con alegría, no solo porque Dios me había bendecido tanto, sino más porque Él es quien dice ser. Y Él me ama. Los brazos que necesitaba desesperadamente que me abrazaran ese día han estado allí todo el tiempo. Él ha redimido este lugar.

La sala de ultrasonido donde recibí la noticia de que no habían latidos del corazón es la misma sala donde más tarde presencié los latidos de mis dos bebés. La máquina que imprimió la imagen de ultrasonido de mi hijo sin vida, por la que había llorado tantas lágrimas, es la misma máquina que imprimió las imágenes perfectas de los dedos de las manos y de los pies de Maya y Everly, con los ojos como los de su papá y mejillas como las de su mamá.

Y esos peces que nadan en el tanque del vestíbulo, que me persiguieron durante tantas visitas al médico con noticias decepcionantes, han sido testigos de muchas visitas más con chequeos para los bebés sanos que crecen dentro de mí. Caminando por el pasillo al consultorio del doctor, solía llenarme con tal temor y miedo de que tuviera una reacción física y emocional. Ahora, es un lugar donde he visto comenzar una nueva vida. Dios ha redimido mi miedo.

    🌿 Día de la Madre. ¡Qué día lleno de emociones encontradas para mí! En mi primer Día de la Madre, llevaba en mi vientre a mi amado hijo sin latidos del corazón. Ese día tenía tantas ganas de ser reconocida como madre y al mismo tiempo temía que me desmoronaría bajo el dolor de ese reconocimiento. El siguiente Día de la Madre, recibí la noticia de que era infértil. Ese fue el día en que empecé el proceso de llegar a la idea de que nunca podré tener hijos propios y aceptar que Dios todavía tenía un buen plan para mí, incluso en esas circunstancias.

    ¡El próximo Día de la Madre, estaba sosteniendo a mi bebé de tres semanas en mis brazos! Dos años después del Día de la Madre, dedicamos a nuestra segunda hija a Dios en una hermosa ceremonia en nuestra iglesia. Mientras estaba parada en la plataforma junto a mi esposo y mi niñita, sosteniendo otra de las bendiciones inconcebibles de Dios para mí, no pude evitar sentirme agradecida. El Día de la Madre fue un día que realmente creí que siempre estaría lleno de dolor, ¡pero Dios lo ha llenado de una alegría insondable! Él ha redimido la maternidad.

    🌿 ¿Recuerdas la sierra circular que fue robada de nuestro garaje el día del ultrasonido? No la extrañamos por mucho tiempo después de eso, no teníamos ninguna chispa de motivación para crear nada. Sin embargo, eventualmente compramos una sierra nueva y la usamos para cortar la madera para construir nuestra mesa de la cocina. Todos los días, me siento en esta mesa y comparto comidas con la familia que nunca imaginé que sería parte de mi historia. Alcanzo a través de la superficie de madera que mi esposo y yo lijamos y teñimos juntos para agarrar las pequeñas manos al lado de la mía. Sobre ella, damos gracias al Dios que ha caminado con nosotros en cada paso de este viaje. Él está haciendo todas las cosas nuevas.

- La pintura que Nathan y yo creamos para anunciar la concepción de nuestro primer hijo cuelga en la sala de nuestra casa. Comenzó como una creación de alegría y expectativa. Se convirtió en un recuerdo tangible de nuestro pequeño hijo perdido. Ahora es un recordatorio constante de la fidelidad de Dios. Él ha redimido este recuerdo.

- Finalmente, está mi hijo que perdí. No sé si mi dulce bebé era un niño o una niña, pero Dios sí lo sabe, porque lo creó a su propia imagen. Él amorosamente unió a mi hijo en mi útero. Y debido al precio que Jesús pagó en la cruz, mi hijo está actualmente en la presencia de Dios en el cielo, experimentando la vida eterna más plenamente de lo que podemos imaginar aquí en la tierra. Por su increíble gracia, Dios ha redimido a mi bebé.

- En lo más profundo de la depresión, me preguntaba si alguna vez volvería a experimentar alegría. Si alguna vez me reiría de algo gracioso, si alguna vez podría brincar de alegría sin razón aparente, si alguna vez volvería a sentir el sol en mi cara y experimentaría esa tranquilizante paz en mi alma. Pensé que nunca me curaría por completo, que siempre albergaría un lugar sensible y herido en mi corazón, y que mi antiguo yo estaba perdido para siempre.

> Jesucristo no vino a este mundo para hacer buenas a las personas malas; Él vino a este mundo a dar vida a los muertos.
> - *Lee Strobel*

Es cierto que nunca volveré a ser la misma, y mi antiguo yo se ha ido, pero ha sido reemplazado por una persona que comprende las profundidades de la paz, la alegría y la gratitud más de lo que creía posible. Aprecio mucho más quién es Dios y lo que está haciendo en mi vida, porque he caminado con Él por los valles y las cimas de las montañas. Él ha restaurado mi alegría. Él me ha llenado de Su paz. Él me está haciendo nueva.

Podría seguir por mucho más tiempo con mi lista de cómo Dios ha traído la redención a mi vida. Juan lo expresa mejor: "Jesús hizo muchas otras cosas también. Si cada uno de ellos estuviera escrito, supongo que incluso el mundo entero no tendría espacio para los libros que se escribirían"(Juan 21:25 NVI).

Y sé que, incluso mientras escribo, Dios todavía continúa el proceso de redención en mi vida, y no estará enteramente completo hasta que me reúna con Él en Su gloriosa presencia. ¡Todavía hay mucho más por venir!

Cuando miro hacia atrás en estos momentos de redención, me sorprende la realidad de que Dios está fuera del tiempo. Vemos y experimentamos la vida linealmente, y estamos concentrados en el momento, sin forma de ver lo que está por venir. Pero cuando Dios ve nuestra vida, lo ve todo de una vez. Él sabe lo que está por venir, y lo ve como parte de las historias de tantas otras personas que nunca sabremos. Él está orquestando cada historia individualmente a través de idiomas, continentes y milenios en una vasta sinfonía redentora que declara Su majestad.

¿Por qué todavía dudamos de su capacidad de redimir? Mientras oro, Él ve el cumplimiento de esa oración ya realizada. A medida que experimento la pérdida, Él ve la redención de esa pérdida ya completa. Cuando pregunto, Él ve las respuestas escritas en mi futuro. Y es por eso que puedo confiar en Él hoy y en el futuro, sea lo que sea que traiga. Porque Él es el mismo hoy, mañana y para siempre.

~ Cuando Experimentas REDENCIÓN ~

Hay un lugar al final de este capítulo para que escribas las formas en que ves la redención de Dios demostrada en tu vida. Esta es definitivamente una práctica que puedes continuar durante años a medida que Dios revela progresivamente nuevas áreas de tu vida que Él está restaurando.

Estoy escribiendo este libro años después de mi pérdida. Mi viaje a la redención ha sido lento, doloroso y acentuado por las temporadas de retroceso. Ha habido muchos intentos de mi parte para retomar el control de mi historia. No esperes estar lista para entregarlo todo y encontrar la redención simplemente porque hayas terminado de leer el capítulo final de este libro. Recuerda que Dios está fuera del tiempo y confía en que Él sabe mejor cuándo escribir en cada parte de tu historia. La redención es un proceso que continúa hasta que alcancemos el cielo, y finalmente Lo conoceremos completamente, así como somos completamente conocidos (1 Cor. 13:12).

La Redención de Dios

La Redención de Dios

Epílogo

Después de que terminé de escribir este manuscrito, formé un grupo de mujeres que habían sufrido un aborto espontáneo, para leer el libro y que ofrecieran sus ideas. La noche antes de darles sus copias, oré sobre cada manuscrito y por cada mujer que lo leería. Sabía que tomaría valor de parte de ellas para leer el libro, revivir su dolor en las páginas, perseverar a través de volver a afligirse por la pérdida y buscar la redención de Dios en sus historias individuales. Mientras oraba por ellas, le agradecí a Dios por usarme por ser parte de su historia de redención y por mostrarme su carácter inmutable a lo largo de cada temporada de mi vida. Y luego me encontré agradeciéndole por mi pérdida. Justo después de que las palabras salieron de mi boca, me detuve al darme cuenta de que era la primera vez que le agradecía por mi pérdida. Y aún más sorprendente, realmente lo dije en serio.

No puedo creer que lo único que juré que nunca haría mientras escuchaba a mi pastor hablar de la pruebas hace tantos años, fue exactamente lo que estaba haciendo. Realmente pude agradecer a Dios por la pérdida que experimenté, porque me permitió verlo, conocerlo, confiar en Él y amarlo

¿Sabías?

Salomón usa la imagen de una granada para describir los templos de su amada (Cantares de Sal. 4:3).

de una manera que nunca hubiera imaginado.

Lo siguiente que pensé fue lo triste que era que me hubiese llevado cinco años llegar al punto de la verdadera gratitud. ¡Cinco años! La redención no tiene lugar durante la noche. Y sin embargo, ¿cómo podría haberme llevado tanto tiempo, especialmente cuando Él ha hecho cosas tan increíbles en mi vida? Le he agradecido todo lo demás, sí, la redención, las bendiciones, Su carácter que demostró durante todo el proceso. Sin embargo, hasta ese momento, después de escribir todo en un solo lugar y darle a Dios el crédito que merecía por sus maravillosas obras en mi vida, finalmente expresé mi gratitud por la pérdida que puso en marcha toda la promesa de redención. ¿No te dije al principio que este libro no se trataba de convertirme en madre, sino de convertirme en una hija? Estoy abrazando completamente mi papel como hija de Dios.

De la misma manera que oré por el primer grupo de mujeres que leyó este libro, oro por ti, querida amiga.

Oro para que la presencia de Dios sea tan tangible en tu dolor que sientas Sus brazos a tu alrededor.

Oro para que la gracia de Dios se derrame sobre ti mientras navegas por la inestabilidad emocional y pierdes la confianza en tu autosuficiencia.

Oro para que la verdad de Dios quede grabada en tu corazón y mente mientras exploras las preguntas espirituales que enfrentas, y que Su Palabra sea viva y activa.

Oro para que Su fidelidad te agobie hasta el punto de asombro y te haga llorar de asombro y adoración.

Oro para que la soberanía de Dios expulse todo temor, y que lo encuentres digno de confianza en tus horas más oscuras.

Oro para que Su redención inunde tu vida de maneras asombrosas, íntimas y personales, que te permitan escucharlo susurrar a tu corazón roto: "¡Estoy haciendo todas las cosas nuevas!"

Oro para que la historia que Dios sigue escribiendo en tu vida sea tan hermosa y le traiga tanta gloria que no puedas esperar para compartirla con otros.

Oro para que Su restauración en ti sea tan completa que algún día puedas agradecerle por tu pérdida.

Sé que mis expectativas para la obra de Dios en tu vida son altas. Ahora mismo puedes estar pensando que es imposible. Una vez pensé lo mismo. Pero puedo asegurarte que es más que posible. ¡Incluso mis más audaces oraciones por ti no podrían comenzar a desafiar los planes que Él tiene guardados para ti! La profundidad de la redención de Dios es realmente inconcebible.

Ustedes los cielos, ¡griten de alegría!
Tierra, ¡regocíjate!
Montañas, ¡prorrumpan en canciones!
Porque el Señor consuela a su pueblo
y tiene compasión de sus pobres.
Pero Sión dijo: «El Señor me ha abandonado;
el Señor se ha olvidado de mí».
«¿Puede una madre olvidar a su niño de pecho, y
dejar de amar al hijo que ha dado a luz?
Aun cuando ella lo olvidara, ¡yo no te olvidaré!
Grabada te llevo en las palmas de mis manos;
Sabrás entonces que yo soy el Señor,
y que no quedarán avergonzados
los que en mí confían».
Toda la humanidad sabrá entonces que yo,
el Señor, soy tu Salvador;
que yo, el Poderoso de Jacob,
soy tu Redentor».
Isaiah 49:13-16a, 23b, 26b (NVI)

UNA CARTA DE DIOS

Mi Querida Hija:

Mi corazón se está rompiendo con el tuyo en este momento. No te he olvidado, pero estoy aquí a tu lado, presente en tu dolor. Eres tan preciosa para mí, y guardo cada una de tus lágrimas mientras lloras la pérdida de tu hijo. Esta tragedia no fue Mi plan, es el resultado del pecado de un mundo caído, lejos del lugar perfecto que originalmente había creado para ti, querida hija. Te amo mucho y estoy devastado porque tienes que experimentar tanto dolor.

Entiendo tu dolor demasiado bien. También experimenté la pérdida de un hijo cuando envié a Mi propio Hijo a la tierra para morir de una muerte intensa y ser separado de Mí. Pero Yo he redimido esa pérdida, porque el resultado es que tu hijo está experimentando la vida eterna en este momento conmigo en el cielo. ¡Espero ansiosamente el día en que el dolor de este mundo será redimido de la misma manera, porque tu sufrimiento actual terminará y cada lágrima será borrada en la gloria del Cielo!

Satanás quiere usar esta pérdida para sus propios fines: robar tu alegría, matar tu fe y destruir tu futuro. Pero Yo estoy contigo, y Soy más grande que él. Si continúas confiando en Mí durante este tiempo oscuro, nuestra relación se volverá mucho más fuerte de lo que era antes. Usaré esta nueva fuerza para prepararte para otros desafíos y victorias en los próximos días que solo se pueden superar con la fe que ha enfrentado dudas.

Sé que tienes muchas preguntas en este momento, y hacerlas es bueno. Mira en mi Palabra y te mostraré las respuestas. Escucha la verdad que encuentres allí, en lugar de las mentiras que el maligno te susurra al oído. Si puedes continuar confiando en Mí, incluso esta terrible pérdida resultará en algo hermoso y bueno. ¡No le des a Satanás la satisfacción de ganar la batalla por tu corazón y tu mente!

Sé que tienes ciertos planes en mente y te preocupa el momento en que esos planes se completarán, pero mi tiempo es perfecto. Ordeno que salga y se ponga el sol, y solo Yo sé lo que depara el mañana. Voy a pedirte que confíes en Mí y descanses sabiendo que tengo en mente tus mejores intereses. Tengo un plan bueno y perfecto para ti. Conozco a cada uno de tus hijos íntimamente, porque los He creado. ¡Los conozco por su nombre y los amo aún más que tú! ¡Tengo un plan no solo para tu futuro, sino también para hoy! Estás justo donde estás por una razón, e incluso la espera tiene un propósito.

Sé que te sientes traicionada por tu propio cuerpo, y sientes que no puedes hacer para lo que fuiste creada. Tu cuerpo no está roto: ¡estás hecha a Mi propia imagen con asombro y maravilla! Te he creado y conozco cada detalle, desde los cabellos de tu cabeza hasta la cantidad de días de tu vida. Conozco cada parte que funciona correctamente, así como las que trabajan en tu contra. Este cuerpo, que parece haberte traicionado, es solo temporal y algún día será renovado, ¡pero sigue siendo mi propia creación! En la forma en que tu cuerpo te ha fallado, Yo algún día lo restauraré.

Sé que te duele. Sé que es difícil pensar en otra cosa que no sea lo que has perdido. Solo recuerda que hay muchas cosas por las que puedes estar agradecida incluso en el dolor. Aférrate firmemente a quienes te aman y a las bendiciones que tienes mientras trabajas en el proceso de duelo. Un corazón agradecido que cuenta sus bendiciones es uno que puede soportar incluso las pérdidas más devastadoras.

Sé que sientes que este es el final. Tenías muchas expectativas, y ahora no estás segura de cómo avanzar hacia el vacío. Tu corazón está tan destrozado que te preguntas si alguna vez volverá a estar completo, si alguna vez volverá a experimentar alegría. Déjame asegurarte, ¡esto está lejos del final! Mi plan para ti aún no está completo. Puedes descansar sabiendo que Yo, tu Padre, que te amo más de lo que puedes imaginar, tengo tu futuro en Mis manos.

Estoy orquestando el trabajo de la redención, ¡y estoy haciendo todas las cosas nuevas! Tengo mucho más para ti. Tráeme las piezas rotas de tu corazón, tus esperanzas, tus sueños, tus deseos y tus miedos. Confíamelas a Mí. Toma Mi mano, querida hija. Apoya tu cabeza en Mi pecho, libera tu dolor y tus miedos y tu dolor, y descansa. Déjame mostrarte lo que haré ...

    Te amo más de lo que puedes imaginar,
    Dios

SOBRE EL AUTOR

Erin Greneaux es esposa y madre de dos hijas, Maya y Everly, en Lafayette, Louisiana. Graduada de la Universidad de Baylor, Erin ha trabajado en el ministerio cristiano durante más de una década en el ministerio de niños, misiones, educación en comunidades en riesgo y desarrollo de planes de estudio. Erin es una escritora realizada, con trabajos publicados en poesía, cuentos, artículos de revistas, musicales, una novela para adultos jóvenes, Spy Recruit y un devocional cristiano, Learnable Moments for Moms (Momentos de Aprendizaje para las Mamás).

A Erin le apasiona ayudar a las mujeres a aprender a crecer en su relación con Cristo y a servirle con sus talentos en cada época de la vida. Le gusta ministrar a las madres cristianas a través de su blog, www.greneauxgardens.com, mientras se concentra en criar a sus hijas en casa.

FOTOS

Izquierda: La foto que tomé en mi cumpleaños en el fin de semana en la hamaca. ¡Felicidad inocente!

Abajo: La pintura que Nathan y yo hicimos para anunciar nuestro embarazo, que está colgada en nuestra sala.

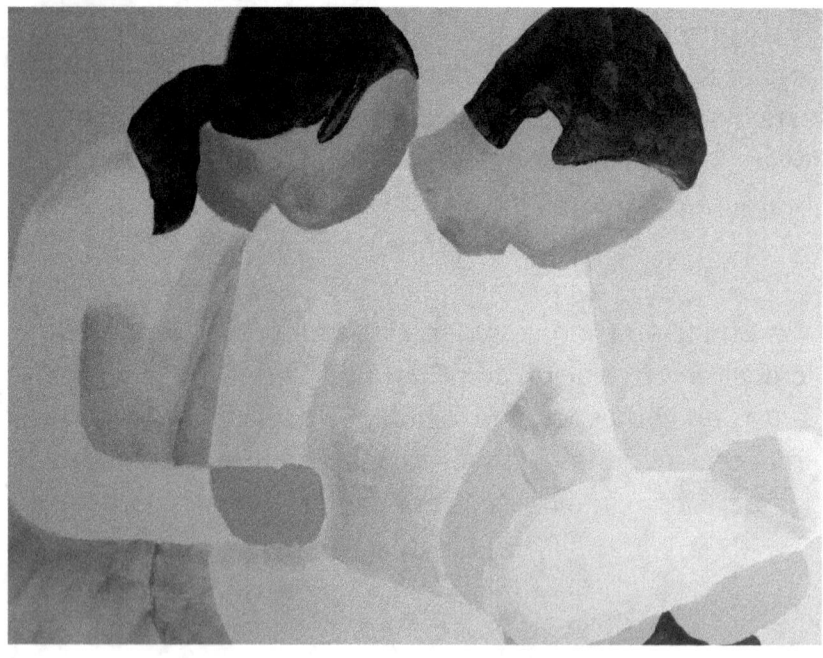

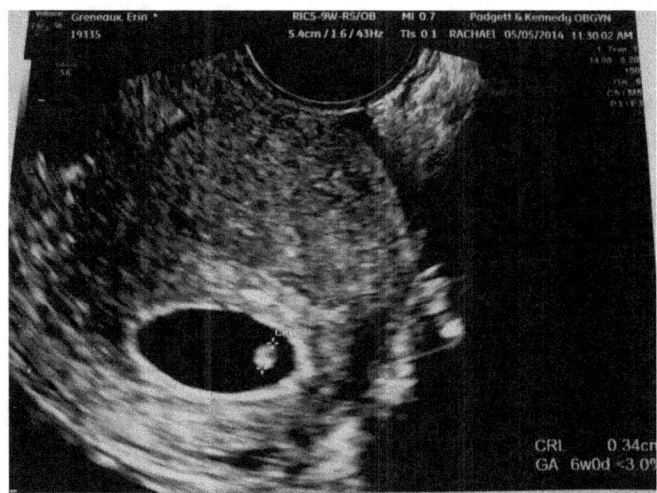

Izquierda: La foto del ultrasonido de nuestro primer bebé.

Derecha: La cuna que estuvo vacía en el cuarto del bebé durante nueve meses.

Abajo: El jardín donde experimenté la suave sanación y dirección de Dios.

Izquierda: soltando el globo en la caminata para conmemorar a mi bebé en el evento de pérdida de embarazo.

Derecha: Nathan y yo en el Palacio de Verano en China.

Abajo: Nathan y yo en los acantilados de Moher en Irlanda.

Arriba: Las fotos de mi enorme barriga en el embarazo, incluyendo las galletas de animales (antes de que terminaran en la fuente).

Abajo: Nuestra familia

www.ingramcontent.com/pod-product-compliance
Lightning Source LLC
Chambersburg PA
CBHW071202070526
44584CB00019B/2893